Learn Dutch with The Class of Twelve

HypLern Interlinear Project
www.hyplern.com

First edition: 2025, August

Author: Carry van Bruggen
Translation: Kees van den End
Foreword: Camilo Andrés Bonilla Carvajal PhD

ISBN: 978-1-988830-33-9

kees@hyplern.com
www.hyplern.com

Learn Dutch with The Class of Twelve

Interlinear Dutch to English

Author
Carry van Bruggen

Translation
Kees van den End

HypLern Interlinear Project
www.hyplern.com

The HypLern Method

Learning a foreign language should not mean leafing through page after page in a bilingual dictionary until one's fingertips begin to hurt. Quite the contrary, through everyday language use, friendly reading, and direct exposure to the language we can get well on our way towards mastery of the vocabulary and grammar needed to read native texts. In this manner, learners can be successful in the foreign language without too much study of grammar paradigms or rules. Indeed, Seneca expresses in his sixth epistle that "Longum iter est per praecepta, breve et efficax per exempla[1]."

The HypLern series constitutes an effort to provide a highly effective tool for experiential foreign language learning. Those who are genuinely interested in utilizing original literary works to learn a foreign language do not have to use conventional graded texts or adapted versions for novice readers. The former only distort the actual essence of literary works, while the latter are highly reduced in vocabulary and relevant content. This collection aims to bring the lively experience of reading stories as directly told by their very authors to foreign language learners.

Most excited adult language learners will at some point seek their teachers' guidance on the process of learning to read in the foreign language rather than seeking out external opinions. However, both teachers and learners lack a general reading technique or strategy. Oftentimes, students undertake the reading task equipped with nothing more than a bilingual dictionary, a grammar book, and lots of courage. These efforts often end in frustration as the student builds mis-constructed nonsensical sentences after many hours spent on an aimless translation drill.

Consequently, we have decided to develop this series of interlinear translations intended to afford a comprehensive edition of unabridged texts. These texts are presented as they were originally written with no changes in word choice or order. As a result, we have a translated piece conveying the true meaning under every word from the original work. Our readers receive then two books in just one volume: the original version and its translation.

The reading task is no longer a laborious exercise of patiently decoding unclear and seemingly complex paragraphs. What's more, reading becomes an enjoyable and meaningful process of cultural, philosophical and linguistic learning. Independent learners can then acquire expressions and vocabulary while understanding pragmatic and socio-cultural dimensions of the target language by reading in it rather than reading about it.

Our proposal, however, does not claim to be a novelty. Interlinear translation is as old as the Spanish tongue, e.g. "glosses of [Saint] Emilianus", interlinear bibles in Old German, and of course James Hamilton's work in the 1800s. About the latter, we remind the readers, that as a revolutionary freethinker he promoted the publication of Greco-Roman classic works and further pieces in diverse languages. His effort, such as ours, sought to lighten the exhausting task of looking words up in large glossaries as an educational practice: "if there is any thing which fills reflecting men with melancholy and regret, it is the waste of mortal time, parental money, and puerile happiness, in the present method of pursuing Latin and Greek[2]".

Additionally, another influential figure in the same line of thought as Hamilton was John Locke. Locke was also the philosopher and translator of the Fabulae AEsopi in an interlinear plan. In 1600, he was already suggesting that interlinear texts, everyday communication, and use of the target language could be the most appropriate ways to achieve language learning:

> ...the true and genuine Way, and that which I would propose, not only as the easiest and best, wherein a Child might, without pains or Chiding, get a Language which others are wont to be whipt for at School six or seven Years together...[3]

---

1   "The journey is long through precepts, but brief and effective through examples". Seneca, Lucius Annaeus. (1961) Ad Lucilium Epistulae Morales, vol. I. London: W. Heinemann.

2   In: Hamilton, James (1829?) History, principles, practice and results of the Hamiltonian system, with answers to the Edinburgh and Westminster reviews; A lecture delivered at Liverpool; and instructions for the use of the books published on the system. Londres: W. Aylott and Co., 8, Pater Noster Row. p. 29.

3   In: Locke, John. (1693) Some thoughts concerning education. Londres: A. and J. Churchill. pp. 196-7.

Who can benefit from this edition?

We identify three kinds of readers, namely, those who take this work as a search tool, those who want to learn a language by reading authentic materials, and those attempting to read writers in their original language. The HypLern collection constitutes a very effective instrument for all of them.

1. For the first target audience, this edition represents a search tool to connect their mother tongue with that of the writer's. Therefore, they have the opportunity to read over an original literary work in an enriching and certain manner.

2. For the second group, reading every word or idiomatic expression in its actual context of use will yield a strong association between the form, the collocation, and the context. This will have a direct impact on long term learning of passive vocabulary, gradually building genuine reading ability in the original language. This book is an ideal companion not only to independent learners but also to those who take lessons with a teacher. At the same time, the continuous feeling of achievement produced during the process of reading original authors both stimulates and empowers the learner to study[1].

3. Finally, the third kind of reader will notice the same benefits as the previous ones. The proximity of a word and its translation in our interlinear texts is a step further from other collections, such as the Loeb Classical Library. Although their works might be considered the most famous in this genre, the presentation of texts on opposite pages hinders the immediate link between words and their semantic equivalence in our native tongue (or one we have a strong mastery of).

---

1 Some further ways of using the present work include:

1. As you progress through the stories, focus less on the lower line (the English translation). Instead, try to read through the upper line, staying in the foreign language as long as possible.

2. Even if you find glosses or explanatory footnotes about the mechanics of the language, you should make your own hypotheses on word formation and syntactical functions in a sentence. Feel confident about inferring your own language rules and test them progressively. You can also take notes concerning those idiomatic expressions or special language usage that calls your attention for later study.

3. As soon as you finish each text, check the reading in the original version (with no interlinear or parallel translation). This will fulfil the main goal of this

collection: bridging the gap between readers and original literary works, training them to read directly and independently.

Why interlinear?

Conventionally speaking, tiresome reading in tricky and exhausting circumstances has been the common definition of learning by texts. This collection offers a friendly reading format where the language is not a stumbling block anymore. Contrastively, our collection presents a language as a vehicle through which readers can attain and understand their authors' written ideas.

While learning to read, most people are urged to use the dictionary and distinguish words from multiple entries. We help readers skip this step by providing the proper translation based on the surrounding context. In so doing, readers have the chance to invest energy and time in understanding the text and learning vocabulary; they read quickly and easily like a skilled horseman cantering through a book.

Thereby we stress the fact that our proposal is not new at all. Others have tried the same before, coming up with evident and substantial outcomes. Certainly, we are not pioneers in designing interlinear texts. Nonetheless, we are nowadays the only, and doubtless, the best, in providing you with interlinear foreign language texts.

Handling instructions

Using this book is very easy. Each text should be read at least three times in order to explore the whole potential of the method. The first phase is devoted to comparing words in the foreign language to those in the mother tongue. This is to say, the upper line is contrasted to the lower line as the following example shows:

Lien	en	het	verlegen	meisje	met	de	rode	jurk	stonden
Lien	and	the	shy	girl	with	the	red	dress	stood

nu	even	alleen,	en	Lien	vroeg:
now	a while	alone	and	Lien	asked

The second phase of reading focuses on capturing the meaning and sense of the original text. As readers gain practice with the method, they should be able to focus on the target language without getting distracted by the translation. New users of the method, however, may find it helpful to cover the translated lines with a piece of paper as illustrated in the image below. Subsequently, they try to understand the meaning of every word, phrase, and entire sentences in the target language itself, drawing on the translation only when necessary. In this phase, the reader should resist the temptation to look at the translation for every word. In doing so, they will find that they are able to understand a good portion of the text by reading directly in the target language, without the crutch of the translation. This is the skill we are looking to train: the ability to read and understand native materials and enjoy them as native speakers do, that being, directly in the original language.

Lien	en	het	verlegen	meisje	met	de	rode	jurk	stonden
Lien	and	the							d

nu	even	allee							
now	a while	alon							

In the final phase, readers will be able to understand the meaning of the text when reading it without additional help. There may be some less common words and phrases which have not cemented themselves yet in the reader's brain, but the majority of the story should not pose any problems. If desired, the reader can use an SRS or some other memorization method to learning these straggling words.

Lien en het verlegen meisje met de rode jurk stonden nu even alleen, en Lien vroeg:

Above all, readers will not have to look every word up in a dictionary to read a text in the foreign language. This otherwise wasted time will be spent concentrating on their principal interest. These new readers will tackle authentic texts while learning their vocabulary and expressions to use in further communicative (written or oral) situations. This book is just one work from an overall series with the same purpose. It really helps those who are afraid of having "poor vocabulary" to feel confident about reading directly in the language. To all of them and to all of you, welcome to the amazing experience of living a foreign language!

Additional tools

Check out shop.hyplern.com or contact us at info@hyplern.com for free mp3s (if available) and free empty (untranslated) versions of the eBooks that we have on offer.

For some of the older eBooks and paperbacks we have Windows, iOS and Android apps available that, next to the interlinear format, allow for a pop-up format, where hovering over a word or clicking on it gives you its meaning. The apps also have any mp3s, if available, and integrated vocabulary practice.

Visit the site hyplern.com for the same functionality online. This is where we will be working non-stop to make all our material available in multiple formats, including audio where available, and vocabulary practice.

Table of Contents

Chapter	Page

Het Examen - Deel I
The Exam - Part I

Het Examen - Deel I
The Exam — Part I

De trein stond puffend stil in de zon en de beide meisjes
The train stood puffing -still- in the sun and the both girls

stapten uit. Met een schok kwam Lien, die heerlijk in het
stepped out (got) With a shock came Lien who delightfully in the

warme voorjaarslicht had zitten soezen en uitkijken over de
warm spring-light had sit doze and look out over the

weiden vol gouden bloemen en jong, bont
meadows full (of) golden flowers and young colorful (black or brown and white)

vee in het jonge groene gras -, ineens weer terug tot het
livestock in the young green grass at once again back to the

bang besef: Examen! Ze gingen examen doen.
scary realisation Exam(s) She went exam to do

Achter haar nichtje Anna sprong ze de wagen uit en
Behind her little cousin Anna jumped she the (train)carriage from and

terwijl Anna hun kaartjes omvouwde voor de controle, keek Lien
while Anna their tickets folded for the check looked Lien

nog even achterom, over het zonnige, open perron, naar de
yet once behind over the sunny open platform to the

rustig wiekende molens en de diep blauwe sloten,
calmly rotating (wind)mills and the deep blue (water) ditches

grillig kronkelend de groene weiden in, naar de spoorbrug
capriciously meandering the green meadows in to the railway bridge

in de bocht, als een doffe, donkere klomp.
in the corner like a dull dark clump

Dat allemaal zou ze nu voortaan alle dagen zien, 's
That all would she now from now on all (the) days see in the

morgens bij het komen, 's middags bij het gaan.... als ze
morning at the coming in the afternoons at the going If she

tenminste slaagde! Want ze zouden dan allebei een
at least succeeded Because they would then both a

abonnement, een 'scholierkaart' krijgen en alle dagen hierheen
subscription a student card get and all days here-to

komen, de boterham op zak.... als ze tenminste slaagde!!
come the sandwich on (the) pocket if she at least succeeded
(in) (passed)

Over Anna hoefde ze niet eens te denken, die had wel
Over Anna needed she not even to think that had indeed
(she)

meteen voor de tweede klas examen kunnen doen.... Maar ook
immediately for the second class exam be able to do But also

haar had oom Adriaan verzekerd, dat ze er 'menselijkerwijs
her had uncle Adriaan assured that she there humanly

gesproken' op rekenen mocht. 'Menselijkerwijs
spoken on count might (that she would succeed) Humanly

3

gesproken'... ineens hoorde ze ooms stem, en zag zijn gezicht
spoken   at once heard she uncle's voice and saw his face

erbij,   zoals hij dat zei, zijn niet-onvriendelijke,   maar altijd
there-by   like he that said his not-unfriendly   but always
                      (it)

     wat   koele stem, zijn niet streng, maar gesloten gezicht, dat
(some)what cool voice his not severe but closed   face   that

zo zelden lachte.
so rarely smiled

Oom Adriaan was Anna's vader - Anna leek   op hem, uiterlijk
Uncle Adriaan was Anna's father Anna looked on him   appearance
                                                (like)

en   innerlijk   - hij was Hoofd-van-School op hun dorp   en
and   (from the) inside he was Head-of-School   on their village and
                                                  (in)

hij had   ze voor het examen klaargemaakt, tot gisteravond toe
he had   them for the exam   ready made   until last night -to-

hadden   ze   onder   zijn   toezicht   gewerkt.   En
had   they   under   his   supervision   worked   And

bij het naar huis gaan was ze toen ineens zo moe geweest en
at the to   home go   was she then at once so tired been   and
when it was time to go home (had)

zo moedeloos - ze had, voor ze het wist, vreselijk zitten huilen
so despondent she had before she it knew terribly sit   cry

en oom had haar apart genomen en gezegd, dat ze wat   meer
and uncle had her apart taken   and said   that she what more
                   taken her apart   (a bit)

zelfvertrouwen moest hebben....
self confidence must have
(should)

Ze had oom maar geen antwoord gegeven....
She had uncle just not answer given
answered

Hoe kon je nu zelfvertrouwen hebben, als je
How could you now self confidence have if you

van kinds af aan was opgegroeid met iemand, waar je in alle
from child's off on was grown up with someone where you in all
since being a kid (had)

opzichten bij achter liep? Anna was zo handig, Anna was zo
regards by behind walked Anna was so handy Anna was so
lagged behind

knap. Ze was vlug en vlijtig, ze gaf eigenlijk alleen om
smart She was quick and industrious she gave actually only for
(cared)

leren. Hoe vaak hadden ze niet, de laatste maanden, over hun
learning How often had they not the last months about their

gaan naar deze school, naar de kweekschool gesproken.
going to this school to the nursery school spoken
(teacher school)

Hun leven van dorpsmeisjes zou dan uit zijn, ze zouden een
Their life of village girls would then out be they would a
(over)

heel nieuw bestaan beginnen -, maar Anna dacht altijd aan
whole new existence begin but Anna thought always to

wat ze leren zouden op de nieuwe school, terwijl het hàar
what they learn would on the new school while it her

5

veel meer benieuwde, wie ze er vinden zouden, wat voor
much more interested who they there find would what for
(kind of)

leraren, wat voor meisjes en jongens vooral. Of
teachers what for girls and boys before everything If
(kind of) (especially)

ze zelf aardig zou worden gevonden, of ze er
she (her)self nice would become found whether she there
the others would like her

vriendschap zou kunnen winnen, of kunnen geven.
friendship would be able to win or be able to give

Haar eigen vader moest er soms om lachen, wanneer ze
Her own father must there sometimes about laugh when she

hem van die gesprekken vertelde. Zo precies, als Anna en zij
him of those conversations told So exactly like Anna and she

nu, zo waren als jongens vader en oom Adriaan geweest, ook
now so were as kids father and uncle Adriaan been also

oom in alles vader de baas, ook vader altijd van zijn
uncle in everything father the boss also father always of his
uncle better than father in everything

vriendjes en oom van zijn boeken vervuld -, daarom was vader
friends and uncle of his books fulfilled therefore was father
(busy with) (had)

dan ook maar eenvoudig bloemist en oom schoolhoofd
then also just simple flower seller and uncle school head

geworden.
become

6

Maar wat een heerlijk weer! En wat zou het, zonder
But what a delightful weather And what would it without

Examen, een genot zijn geweest zo Zondags gekleed hier te
Exam(s) a pleasure be been so Sunday-like dressed here to
(have) dressed for a Sunday

lopen wandelen door die gezellige brede, gemoedelijk deftige
go stroll through those cosy wide good-natured chique
(pleasant)

straat, waar de witte huizen wel verguld leken in de zon.
street where the white houses indeed gilded seemed in the sun

En o, zie toch dat vlammen van tulpen, gele en rode, op
And oh see though that flaming of tulips yellow and red on
(please)

hoge, glanzende stelen wiegend in stralend lentegras -, en o,
high gleaming stems swaying in shining spring grass and oh

ruik toch dat zoete, dat de hele lucht vervullende zoete,
smell though that sweetness that the whole air fulfilling sweetness
(please)

dat kruidige vochtige zoete van hyacinthen, een heel perk
that herblike moist sweetness of hyacinths a whole (flower)bed

vol hyacinthen, hoog en rond als een troon boven het gras,
full (of)hyacinths high and round as a throne above the grass

witte en gele, rode en paarse.... fris als vochtig, en die luwe
white and yellow red and purple fresh as moist and that gentle

wind, die de geuren draagt.... en o, het lijkt wel Mei en
wind that the fragrances carries and oh it seems indeed May and

je kunt nauwelijks geloven dat je in zulk weer examen moet
you can hardly believe that you in such weather exam(s) must

gaan doen....
go   do

Och, was   het   eigenlijk   maar   liever   donker,   druilerig   weer
Oh   was   it   actually   though rather   dark   drizzly   weather
      (had)

geweest, dat   je   niet   aldoor   in   de   verzoeking   kon   komen het
been   that you not   all-through in   the temptation   could come   the
                           (all the time)

examen te   vergeten! Zo   dacht   Lien   en   ze   had   ineens   het   malle
exam(s) to   forget   So   thought Lien   and she had   at once the   silly

gevoel,   of   Examen een levend wezen   was, een soort monster,
feeling   (as) if Exam   a   living being   was   a   sort   (of) monster

dat zich over dat vergeten   wel   eens   verraderlijk zou   kunnen
that itself over that forgetting indeed -once- treacherous would be able

wreken.   Daarom   wilde   ze   het nu   ook   niet meer   vergeten
to revenge Therefore wanted she it   now   also not   (any)more forget

en   bleef   ze   er   krampachtig aan denken, totdat   ze   - het
and   remained she   there cramp-like   on   think   until that they   it
                             (desperately) (of)

was weer verbazend, zoals Anna het zonder   haperen   vond, terwijl
was again surprising like   Anna it   without faltering found while

ze   er   toch   maar één   keer waren geweest! -   totdat   ze
they there still just one   time were   been   until that they
                                            (had)

eindelijk het gebouw hadden bereikt.
finally   the building had   reached

Het stond er   loodgrijs   en   kil   achter op   het brede plein, in
It   stood there lead-gray   and bleak behind on   the wide   square in

de koude schaduwhelft. Over de warme zonhelft drentelden
the cold shadow-half Over the warm sun-half strolled

wachtend de meisjes, bij tweeën of in groepjes. Een lang meisje
waiting the girls by two's or in groups A tall girl
(in)

stond er tegen het hek geleund, met een open boek, een
stood there against the fence leaned with an open book a

kleintje in het rood stond geduldig naast haar te wachten. 'Wie
little one in -the- red stood patiently next to her to wait Who

nu nog niet klaar is, die komt zeker niet meer klaar,'
now still not ready is that (one) comes surely not (any)more ready
(will get)

meende Anna, met een blik op het meisje. En Lien zuchtte.
meant Anna with a glance on the girl And Lien sighed

Het scheen haar toe of ze zelf niets, letterlijk niets,
It seemed her -to- (as) if she (her)self nothing literally nothing

van welk vak dan ook, meer wist. Maar ze durfde het niet
of which course than also (any)more knew But she dared it not
of any course at all

zeggen.
to say

Een heer kwam het plein op, in zwarte jas, zwarte hoed,
A gentleman came the square on in black coat black hat

het hoofd tussen de schouders weggetrokken, een zwarte
the head between the shoulders away pulled a black

portefeuille onder de arm. Hij liep of hij alleen was, keek
wallet under the arm He walked (as) if he alone was looked
(portfolio)

nors voor zich uit, groette geen mens, beklom de blauwe
sultry in front of himself -out- greeted no human climbed the blue
(person)

stoep en verdween in het schoolgebouw. En nu.... en nu.... nee,
step(s) and disappeared in the schoolbuilding And now and now no

maar, dat was al te gek.... nu leek de voorgevel zelf
but that was all too crazy now seemed the front facade (it)self

ineens in een nors stug gezicht, in zijn gezicht, veranderd!
at once in a sultry rigid face in his face changed

Lien had haar mond al open, om Anna op het zonderlinge
Lien had her mouth already open for Anna on the strange

verschijnsel te wijzen, maar plotseling werd haar aandacht
phenomenon to point but suddenly became her attention
(was)

afgeleid.
diverted

Weer een examinator. Maar van een heel andere soort. Met een
Again an exam teacher But of a whole other kind With an
(different)

openhangende jas en witte haren - zijn hoed in de hand! -
open hanging coat and white hairs his hat in the hand
(hair)

en een gezicht of hij naar een fuif inplaats van naar een
and a face (as) if he to a party instead of to an

examen ging, kwam hij neuriënd aangekuierd.... bleef dan
exam went came he humming strolled on kept then

plotseling staan
suddenly stand
(standing)

en keek eens om zich heen, stilletjes lachend, of hij
and looked once around himself -to- silently laughing (as) if he

iets met zichzelf overlegde. Dan ineens liep hij op een
something with himself discussed Then suddenly walked he on a

sukkeldrafje naar het kind in de rode jurk, dat nog altijd
little trot to the kid in the red dress that still always

geduldig stond te wachten naast het meisje met het boek.
patiently stood to wait next to the girl with the book

'Kijk Anna, wat zou hij willen, wat zou hij doen?'
Look Anna what would he want what would he do

Hij had het meisje in de rode jurk en het meisje met het boek
He had the girl in the red dress and the girl with the book

elk bij een arm gepakt en sleurde ze lachend mee en zette
each by an arm taken and dragged them laughing along and put

ze allebei midden op het plein en dreigde ze
them both (in the) middle on the square and threatened them

schertsend met de vinger: 'Niet weglopen, hoor!' en liep
jokingly with the finger Not walk away hear and walked
                                    Don't walk away!

lachend weer voort in zijn sukkeldrafje en haalde twee anderen
laughing again forth in his little trot and fetched two others

en zette ze bij de eerste....
and put them with the first

'O kijk toch eens, het lijkt precies of hij bloemen plukt....
Oh look though once it seems exactly (as) if he flowers picks
    Oh look at that

11

en o, daar komt hij naar ons.'
and oh there comes he to us

Hij had ze al beet en ze voelden een grote, warme
He had them already grabbed and they felt a large warm

hand elk om een arm en ze moesten, of ze wilden
hand each around an arm and they must whether they wanted
                                          (had to)

of niet, in zijn sukkeldrafje mee naar het troepje. Anna vond
or not in his little trot along to the little troup Anna found

het eigenlijk maar zozo, maar gaf zich toch gewonnen.... en
it actually just so so but gave herself still won and
                not very nice

nu had hij ze allemaal bijeen en ging aan het voorstellen,
now had he them all together and went to the introducing
                                                started introducing

vroeg elk om beurt haar naam en herhaalde die dan, met een
asked each for turn her name and repeated that then with a
          (in)

koddig 'o ja, dat 's waar óók' als had hij al die namen zijn
droll oh yes that is true -too- like had he all those names his

leven lang geweten en was hij ze net maar even
life long known and was he them just now only for a bit
              (had)

vergeten, en hij maakte buigingen dat zijn jas fladderde, was
forgotten and he made bows (so) that his coat fluttered was

dan ineens weer weg, de stoep op en het gebouw in.
then suddenly again gone the step(s) on and the building in(to)

Een beetje verlegen, de meesten lachend, sommigen wat
A bit shy the most laughing some (some)what
most of them

verstoord, keken ze elkaar even aan, maar vonden niet
perturbed looked they eachother (for) a while at but found not

veel te zeggen en drentelden al gauw weer van elkaar
much to say and strolled already soon again from eachother

weg. Maar Lien vroeg haastig aan het meisje in de rode jurk,
away But Lien asked hurrily to the girl in the red dress

dat toevallig naast haar stond: 'Wie is dat, zeg, wie is dat?'
that coincidentally next to her stood Who is that say who is that
(who)

'Mijnheer Adelink....' zei het kind en kleurde.
Mr Adelink said the child and colored
(blushed)

'Wat een verlegen schepseltje,' dacht Lien.
What a shy creature thought Lien

Ze sloeg tersluiks het meisje gade. Wat had ze een gekke jurk
She struck secretly the girl – What had she a weird dress
She secretly watched the girl

aan. Geraniumrood, met langs kraag en mouwen en
-on- Geraniumred with along (the) collar and (the) sleeves and

ceintuur en overal waar het maar mogelijk was, smalle
(the) waistband and everywhere were it just possible was thin

zwarte bandfluweeltjes, tot rozetjes gevormd, in lusjes
black velvet bands to rosettes formed in little bows

opgenomen op de schouders, en op de zakjes en langs de
taken up on the shoulders and on the little pockets and along the

sluiting.... een onmogelijke jurk.... maar ze had een aardig gezicht,
clasp an impossible dress but she had a nice face

zachte grijsbruine ogen onder een breed, bleek voorhoofd, een
soft gray brown eyes under a wide pale forehead a

iets te grote, maar goedige mond. Ze leek vreselijk
somewhat too large but good-natured mouth She looked terribly

verlegen, had blijkbaar grote lust om weg te lopen, maar wist
shy had obviously great lust for away to walk but knew

zeker niet goed hoe ze dat aanleggen moest zonder lomp te
surely not well how she that berth must without rude to
(get working)

lijken.
seem

'Ken je hem? Hij kwam het eerst naar jou.'
Know you him He came the first to you

'Ja, ik ken hem heel goed. Hij komt bij ons aan huis.'
Yes I know him very well He comes at us to home
at our home

'O.... wat leuk.... Is hij aardig?'
Oh what fun Is he nice
(that's)

'Ja, een schat, een engel.'
Yes a treasure an angel

Een paar andere meisjes waren er ook weer bij gekomen; een
A few other girls were there also again by come a
had also joined again

dik kind in het blauw stond op een afstand naar de rode jurk
fat kid in -the- blue stood on a distance at the red dress

te wijzen en te giechelen tegen een lang meisje met een spits
to point and to giggle to a tall girl with a pointy

gezicht en een bril. Lien zag het en had meteen het land
face and -a- glasses Lien saw it and had immediately the land
immediately hated

aan het dikke kind.
to the fat kid

'Wat doceert mijnheer Adelink?' vroeg Anna. Maar geen
What teaches mr Adelink asked Anna But none
(fancy word for teaching)

van de meisjes begreep het geleerde woord en Anna keerde
of the girls understood the scholarly word and Anna turned

zich af, om te verbergen dat ze een kleur kreeg.
herself off for to hide that she a color got
away blushed

Lien en het verlegen meisje met de rode jurk stonden nu
Lien and the shy girl with the red dress stood now

even alleen, en Lien vroeg:
a while alone and Lien asked

'Ken jij ze allemaal hier?'
Know you them all here

'Sommigen alleen van gezicht of van naam. Die drie daar zijn
Some only from face or from name Those three there are
(by) (by)

Anke van den Burg, Gientje Aben en Jeanne Sixma -, die
Anke van den Burg Gientje Aben and Jeanne Sixma those

komen van de school van juffrouw Dannenberg, dat noemen ze
come from the school of miss Dannenberg that call they

15

hier de Opleidingsschool voor Meisjes. Maar de meesten komen
here the Trainingsschool for Girls But the most come

van de voorbereidingsklas.... ik ook.'
from the preparation class I too
(me)

Lien keek naar het kleine groepje; het meisje met de bril
Lien looked at the little little group the girl with the glasses
little group

en de spitse neus was er ook bij, ze bleek Jeanne Sixma
and the pointy nose was there also with she turned out Jeanne Sixma

te heten.
to be called

'En die daar nu weer alleen bij het hek staat, met
And that (one) (that) there now again alone by the fence stands with

dat prachtige haar?'
that wonderful hair

'Ja, prachtig, vind je niet?' Haar stem klonk ineens veel blijer
Yes wonderful find you not Her voice sounded at once much happier
(think)

en helderder. 'Dat is Lettie Brons, dat is mijn vriendin! Dat is
and more clear That is Lettie Brons that is my girlfriend That is
(friend)

mijn beste vriendin....'
my best girlfriend
(friend)

Juist keek het meisje op en tuurde over haar boek met
Just (then) looked the girl up and peered over her book with

onbestemde   blik   voor zich   uit.
undetermined expression for herself out
                          in front of her

'Wat ziet ze bleek, en wat kijkt ze verdrietig.'
What sees she pale   and what looks she sad
      (looks)

'Ja,' antwoorde het meisje in het rood bedrukt. 'Daar heeft ze
Yes   answered   the girl   in the red   downcast There has she

ook alle reden   voor. Dat   zul je   misschien gauw genoeg
also all reason for   That will you maybe   soon enough

te weten komen....'
to know   come
get to know

Ze   kwam   nu   veel meer los,   ze   leek   Lien ineens   erg
She (be)came now much more loose she seemed Lien at once very

aardig, als   ze   maar niet zo schichtig deed.
nice   when she just not   so shy   did

'Hoe   heet   je   eigenlijk zelf?'   vroeg Lien.
How   are called you actually   (your)self asked Lien

Wat   een raar   kind nu   toch!   Ineens   werd   ze   weer   vuurrood
What a   weird kid   now however At once became she again fire-red

en   doodverlegen!
and dead-shy

'Lea Schaap,' prevelde ze   bijna   onverstaanbaar.
Lea Schaap   mumbled   she almost unintelligible

'Lea...?'
Lea

'Ja....'
Yes

'Wat een vreemde naam. Maar wel leuk....'
What a strange name But sure fun

Wat had ze daar nu zo achterdochtig voor te kijken?
What had she there now so suspicious for to look
Why did she look so suspicious for all of a sudden

Neen, ze was toch te raar om echt aardig te zijn....
No she was indeed too weird for really nice to be

'Ik heet Lien Doezer,' vertelde Lien. 'En die daar, dat is
I am called Lien Doezer told Lien And that (one) there that is

mijn nichtje Anna. Die is reusachtig knap. Een echte
my little cousin Anna That (one) is enormously smart A real
(She)

"studiebol", zoals ze bij ons op het dorp zeggen.'
study ball like they with us on the village say
(bookworm)

'En jij? Ben jij ook een studiebol...?'
And you Are you also a study ball
(bookworm)

'Ik? O jee, nee....'
I Oh geez no
(Me)

'Ik hoop toch dat je slaagt.... dat je hier op school komt!'
I hope however that you succeed that you here on school come

hakkelde nu dat rare kind ineens en maakte
stuttered now that weird kid at once and made

zich   dan   uit de voeten,   alsof   ze   iets   heel   ergs   had
herself then out the feet   as if   she something very   bad   had
        that she got away

gezegd.
said

Maar Lien kon niet lang bij haar verbazing stilstaan, want de
But Lien could not long at her   surprise stand still because the

laatste woorden herinnerden haar ineens weer aan het examen.
last   words   reminded   her at once again to   the   exam

Grote goedheid -, vlak bij zijn muil en zijn klauwen had ze het
Great goodness   close to his maw and his   claws   had she the

monster Examen toch nog beledigd, door het te vergeten. O, als
monster Exam yet still insulted   by it to forget Oh if

het zich nu eens geniepig op haar wreekte....
it itself now -once- sneakily on her   revenged

Het Examen - Deel II
The Exam - Part II

Het Examen - Deel II
The Exam Part II

Wat was er? Waar liepen ze allemaal heen? Ze keerde zich
What was there Where walked they all to She turned herself
(it)

om, ze begreep het. De deuren waren opengegaan, de norse
around she understood it The doors were gone open the sultry
had opened

examinator stond op de bovenste tree van de blauwe stoep....
exam teacher stood on the uppermost step of the blue sidewalk
(entry stairs)

het ogenblik was gekomen. Een kramp trok door haar kaken,
the moment was come A cramp drew through her jaws
(had) (went)

ze liep met de anderen de stoeptreden op en stond
she walked with the others the steps of the entry stairs up and stood

even later in een hol, hoog lokaal, grauw en koud als een
a while later in a hollow high classroom grey and cold as a

kelder.
basement

Die grote blinkend witte vellen papier op de gladde, gele
Those large shiny white sheets (of) paper on the smooth yellow

banken.... o, stel je voor, die moesten vol. En van wat
benches oh set yourself before those must full And from what
imagine had to be filled

je erop neerpende, hing àlles af. Ze was net zowat
you there-(up)on down-penned hung everything -off- She was just almost
(had)

in het midden terechtgekomen. Anna zat een heel
in the middle (of the room) right-come Anna sat a whole
land

eind van haar af.
end from her off
(distance) (away)

Lien wilde haar nichtje nog toeknikken.... maar die zat
Lien wanted her little cousin still nudge to but that (one) sat

al helemaal verdiept in het blaadje met opstel
already all deepened in the little sheet with essay
(concentrated)

onderwerpen! Stom verbaasd was Lien.... ze had gedacht dat ze
subjects Stupid surprised was Lien she had thought that she
Dumb struck

Anna kende.... maar daar zat ze toch nog van te kijken.
Anna knew but there sat she though still from to look
that still surprised her

Hoe was het mogelijk, met tien kinderen om je heen, met
How was it possible with ten kids around you -to- with

tien nieuwe gezichten om je heen.... Nee, zij moest eerst
ten new faces around you -to- No she must first

eens eventjes rondkijken, naar al die tien gezichten, die tien
once a little bit look around to all those ten faces those ten

ogenparen, die tien monden, voor zover zij van haar plaats
pairs of eyes those ten mouths for so far (in) she from her place

ze tenminste kon gadeslaan.
them at least could watch

En ze bedacht, dat ze nu nog zelfs niet wist hoe ze
And she thought of (it) that she now still even not knew how they

heetten, dat ze van de meesten nog niet de stem had
were called that she of the most still not the voice had

gehoord.... terwijl ze toch, als alles goed afliep.... vier jaar
heard while she still if everything good finished four years

lang een groot, een belangrijk deel van haar leven met hen zou
long a large an important part of her life with them would

delen, alle dagen, weken en maanden tezamen.... van hun
share all days weeks and months together from their

veertiende tot hun achttiende jaar. Vreemde gedachte.... zou
fourteenth to their eighteenth year Strange thought would

zo iets nu niet in hen allemaal omgaan? Misschien....
so something now not in them all go around Maybe
a thought like that

het moest wel.... maar de meesten zaten nu toch al over
it must well but the most sat now however already over
it had to

hun papier gebogen. Anna had al gekozen, Anna schreef
their paper bent Anna had already chosen Anna wrote

al, zonder haperen.... de examinator voor de klas zat
already without faltering the exam teacher in front of the class sat
(hesitating)

ernaar te kijken....
at it / to / watch

Waar was het meisje beland dat ze zo-even Anke had horen
Where / was / the / girl / landed / that / she / so a bit (just now) / Anke / had / hear

noemen? Kijk, schuin achter haar. Wat een mooi, ernstig
call / Look / in an angle / behind / her / What / a / beautiful / serious

gezicht. Zwart haar en blauwe ogen.... één der 'zeven
face / Black / hair / and / blue / eyes / one / of the / seven

schoonheden'.... Welke waren er ook nog meer? Kuiltjes in je
beauties / Which / were / there / also / still / more / Dimples / in / your

wangen, kuiltje in je kin.... wat een vreemde gedachte, op een
cheeks / dimple / in / your / chin / what / a / strange / thought / on / an

examendag.
exam day

Wat zou er eigenlijk voor droevigs zijn met die vriendin van
What / would / there / actually / for / sads / be / with / that / girlfriend / of (friend)

Lea Schaap! Lea Schaap...! Daar zat ze, ze knoeide op
Lea / Schaap / Lea / Schaap / There / sat / she / she / spilled (wrote with difficulty) / on

een kladje. En Lien vroeg zich af: 'Vind ik haar nu
a / little scrap (paper) / And / Lien / asked / herself / off (wondered) / Find / I / her / now (Do I think she is)

meer aardig dan raar, of meer raar dan aardig?' En ineens,
more / nice / than / weird / or / more / weird / than / nice / And / suddenly

zonder enig verband, schoot haar een zin te binnen uit
without / any / connection / shot / her / a / sentence / to / inside / from (she remembered a sentence)

het grammatica-boek: 'Dit antwoord was meer oprecht dan
the grammar book This answer was more up-right than
(honest)

beleefd.' Waar kwam dat ook weer bij te pas? Maar lieve help,
polite Where came that also again by to fit But dear help
Where did that belong to (heavens)

ze moest nu eens eindelijk een opstel kiezen. Ze schreven nu
she must now once finally an essay choose They wrote now

al allemaal, behalve zijzelf en Lea's vriendin met het
already all (of them) except herself and Lea's girlfriend with the

prachtige haar.
beautiful hair

Nee, Lettie Brons had ook nog niet gekozen. Er stonden vier
Now Lettie Brons had also yet not chosen There stood four

onderwerpen op het blaadje en ze bedacht met bitterheid,
subjects on the little sheet and she thought of (it) with bitterness

dat ze de eerste drie onmogelijk nemen kon. 'Huiselijk Geluk'
that she the first three impossibly take could Homely Happiness

was bovenaan gezet. Als om haar te honen en te bespotten.
was on top put As for her to mock and to ridicule

Huiselijk Geluk - zij! De dochter van dronken Brons.... voor
Homely Happiness she The daughter of drunk Brons for

wie het hele leven soms uit niets dan angst en zorg
who the whole life sometimes out (of) nothing than fear and worry

en schaamte scheen te bestaan, die over straat liep met
and shame seemed to exist that over (the) street walked with
(who) (on)

neergeslagen ogen, om het maar niet te zien, hoe ze als kind
down cast eyes for it but not to see how she as child

van de beruchte dronkaard als met de vinger werd nagewezen....
of the infamous drunkard as with the finger became pointed after

om de karikaturen en de spottende opschriften op muur en
for the caricatures and the mocking up-writings on wall(s) and
(writing)

schutting niet te zien.
fence(s) not to see

Thuis hield ze zich goed om moeder, en moeder hield zich
At home kept she herself well for mother and mother kept herself

goed om haar, en samen waakten ze over de twee kleineren,
well for her and together guarded they over the two smaller ones

over Corrie en Bart, om van hun jeugd tenminste te redden
over Corrie and Bart for of their youth at least to save

wat kon, om voor hen nog zolang mogelijk te verbergen,
what could for for them still so long (as) possible to hide
(was possible) (as long)

wat zich niet al te brutaal aan hun verschrikte ogen
what itself not all too insolently to their terrified eyes

openbaarde....
revealed

O, als ze moeder en de kleintjes niet had gehad! En dan Lea
Oh if she mother and the little ones not had had And then Lea

niet te vergeten. Ja, die vriendschap was ook wel een
not to forget Yes that friendship was also indeed a
(had)

lichtpunt in haar leven geworden. Lea en Lea's huis....
point of light in her life became Lea and Lea's house

Kijk ze zit te pennen, Lea. Zou zij 'Huiselijk Geluk' gekozen
Look she sits to pen Lea Would she Homely Happiness chosen
is writing

hebben? O, ze kon het doen, ze had een heerlijk thuis, een
have Oh she could it do she had a delightful home a

prettig, warm thuis, al was haar vader wat tobberig
nice warm home although was her father (some)what worrisome

en klagerig soms... Hij had er trouwens wel reden toe.
and plaintive sometimes He had there by the way indeed reason to

Alles deed hij om hun aardig klein antiekzaakje -
Everything did he for their nice little antique business

'uitdragerij' noemden het de mensen! - tot een echte kunsthandel
garbage store called it the people to a real art dealership

op te werken, maar het liep hem tot nu toe niet mee. Er
up to work but it walked him until now to not with There
it didn't go very well up to now

moest zoveel wantrouwen en vooroordeel overwonnen worden.
must so much distrust and prejudice conquered become

Hij was een halve geleerde, 'Oom Daaf', je zag hem altijd in de
He was a half scholar Uncle Dave you saw him always in the

boeken, hij praatte ook vaak over de mooie dingen die hij
books he talked also often about the beautiful things that he

zou willen kopen voor zijn zaak.... hij leek verzot op
would want to buy for his business he seemed very fond on

alles wat mooi was.... Gek eigenlijk dat hij
everything what beautiful was Crazy actually that he
(that) (Weird)

er zich helemaal niet om bekommerde, dat Lea zulke lelijke
there himself totally not about cared of that Lea such ugly
totally not cared about it

jurken droeg.
dresses wore

Hij liet zijn vrouw - 'tante Jet' noemden ze haar altijd - in
He let his wife aunt Jet called they her always in

alles wat de kinderen betrof, de baas zijn, en die engel
everything what the kids mattered the boss be and that angel

van een tante Jet had geen greintje smaak.
of an aunt Jet had no shred (of) taste

En dan die gekke, oude juffrouw Content, hun huisnaaister....
And then that crazy old miss Content their house-seamstress

'Oom Daaf' noemde haar altijd 'het echtste stuk antiek in de
Uncle Dave called her always the most real piece (of) antique in the

hele zaak.'
whole business
(store)

Ja, Lea had een heerlijk thuis, volmaakt kon het nu eenmaal
Yes Lea had a delightful home perfect could it now one time
in the end

nergens wezen.... en toch.... toch zou ze 'Huiselijk Geluk' niet
nowhere be and still still would she Homely Happiness not

gekozen hebben, dat wist Lettie ineens stellig voor zichzelf.
chosen have that knew Lettie at once very sure for herself
(by)

27

Omdat 'Huiselijk Geluk' immers voor haar niet viel af te
Because Homely Happiness surely for her not fell off to

scheiden van hun Joodse feesten en herdenkingen.... en daar
separate of their Jewish feasts and remembrances and there

sprak ze nooit met anderen over.... ze was zo bang voor spot
spoke she never with others about she was so afraid for mock

en vernedering.... haast àl te bang.... ze begon, om zo te
and humiliation almost all too afraid she began for so to

zeggen, vaak al te huilen, voor ze werd geslagen.... en
say often already to cry before she became hit and

dan deed ze zo zenuwachtig, dat ze haar soms, op de
then did she so nervous that they her sometimes on the
(acted)

lagere school, voor niet goed wijs hadden aangezien. Lea
lower school for not good wise had on-seen Lea
had thought she was crazy

niet goed wijs! Als er één bij de pinken was, wanneer
not good wise If there one by the pinks was when
crazy smart

het er op aan kwam!
it there up on came
it was necessary

Eventjes een schokje.... daar keek ineens Lea op en naar
For a moment a little shock there looked at once Lea up and to

haar om, alsof ze voelde dat er iemand aan haar zat te
her around as if she felt that there someone on her sat to
(of)

denken.
think

Wat prevelden nu geluidloos haar lippen? Wat zeg je? O ja,
What mumbled now soundless her lips What say you Oh yes

ze verstond het al. Lea had 'Mijn Bloemen' gekozen,
she understood it already Lea had My Flowers chosen

Lettie knikte. Ja, natuurlijk! Lea verzorgde immers met haar vader
Lettie nodded Yes of course Lea took care indeed with her father

samen de aardige besloten tuin achter hun grappige, oude
together the nice closed off garden behind their funny old

huis, aan het grachtje, dat er zo nietig uitzag van
house at the little canal that -there- so insignificant out-saw from
                                                              (looked)

buiten en toch van binnen zo gezellig was. Daar
(the) outside and however from (the) inside so cosy was There

kweekten ze kruiden en planten, die je nergens anders zag,
cultured they herbs and plants that you nowhere else saw

waar 'oom Daaf' van had gelezen in zijn oude boeken, of
where uncle Dave of had read in his old books or

afbeeldingen van gezien op zijn oude prenten.... Zou zij zelf
images of seen on his old prints Would she (her)self

ook 'Mijn Bloemen' kiezen? Zich trachten te verplaatsen in dat
also My Flowers choose (Her)self try to relocate in that
                                                       (imagine)

geluk?...
happiness

Ze dacht aan hun tuintje thuis.... Ze hadden het nu maar
She thought on their little garden at home They had -it- now just
(of)

opgegeven; moeder durfde er geen cent meer aan
given up mother dared there no cent (any)more on
(penny)

besteden.... de laatste twee jaren was vader drie keer geschorst!
to spend the last two years was father three times suspended

Dan kwam er in weken, in maanden geen geld in huis
Then came there in weken, in months no money in (the) house

-, terwijl vader toch zakgeld bleef eisen, en daarvoor diende
while father still pocketmoney kept demand and therefore served

dus in de betere tijden gespaard te worden....
so in the better times saved to become
                                   to be saved

O, zulke weken, zulke maanden. En nog verbaasde het iedereen,
Oh such weeks such months And still surprised it everyone

dat vader maar altijd-door gehandhaafd bleef.... nog altijd
that father however always onwards retained kept still always

niet ontslagen was.
not fired was

Een zeeloods, iemand aan wie in het moeilijkste vaarwater
A sea pilot somebody to whom in the most difficult sailing water

en bij het gevaarlijkste weer de schepen waren toevertrouwd,
and by the most dangerous weather the ships were entrusted
(in)

honderden mensenlevens! Vader voelde dat zelf natuurlijk ook,
hundreds (of) human lives Father felt that (him)self of course as well

die zware verantwoordelijkheid, het scheen dat hij het zelfs in
that heavy responsibility it seemed that he it even in

zijn dronkenschap bleef voelen -, ernstige fouten had hij
his drunkenness kept feel serious mistakes had he
(feeling)

tenminste nog nooit begaan.... Hij was zo knap, iedereen had
at least still never begone He was so intelligent everyone had
(made)

hem een prachtige toekomst voorspeld, in de goede jaren, vóór
him a wonderful future predicted in the good years before

hij tot die ellende verviel....
he to that misery lapsed

Ze zou 'Vliegeren' maar kiezen? Dat was er zeker bij gezet
She would Flying Kite just choose That was there surely to put
(added)

met het oog op mogelijke 'mannelijke kandidaten,' zoals er altijd
with the eye on possible male candidates like there always

in hun krantje stond. Maar er deden dit jaar geen
in their little newspaper stood But there did this year no

jongens examen. Ja, 'Vliegeren' -, daar kon ze wel wat
boys exam Yes Flying Kites there could she well something

van maken. Ze herinnerde zich een voorval van anderhalf
from make She remembered herself a event of one and a half

jaar terug, toen er een vreemde vlieger in hun heg was
year back when there a strange flyer in their hedge was
(kite) (had)

terecht gekomen, een prachtige vlieger, roze en groen en goud....
located come a wonderful flyer pink and green and gold
(kite)

31

en hoe ze met hun drietjes naar de oneindige, blauwe hemel
and how they with them little threes to the endless blue heaven
                    the three of them

hadden staan opkijken en erover hadden gepraat, waar hij wel
had stand look up and there-over had talked where he well
                    (over it)

mocht zijn vandaan gekomen.... en over de wonderlijke
might be from come and over the wonderful

luchtreizen van zo'n vlieger. Ja.... die dag kon ze
air travels of so a flyer Yes that day could she
          (such a) (kite)

zich nog zo echt voor de geest halen. En ze zou het maar
herself still so real for the mind fetch And she would it just
                    vividly remember

dadelijk in het net schrijven, dan was ze gauw genoeg weer
immediately in the neat write then was she soon enough again

bij; de meesten knoeiden toch nog op kladjes.
by the most spilled anyway still on little scraps (of paper)
          (scribbled)

En ze boog zich over het vel papier en schreef in stilte
And she bent herself over the sheet (of) paper and wrote in silence

een poosje door, ze begon er zelfs plezier in te krijgen.
a little while on she began there even pleasure in to get

Wie lachte daar, een snel-gesmoorde proest? O, dat was
Who laughed there a quick-muffled snicker Oh that was

natuurlijk Door Siegenbeek! Dat begon al goed, op de
of course Door Siegenbeek that began already well on the

examendag. Tien tegen één, dat die 'Kermis' had gekozen.
exam day Ten against one that that (one) Fun Fair had chosen

Als je ook zo'n vader had en zo'n oudste broer! En Nel van
If you also so a (such a) father had and so an (such an) oldest brother And Nel van

Zanten.... waar zou die het over hebben? Ook wel over
Zanten where would that (one) it about have Also indeed about

'Kermis', misschien. Ze mocht er wel nooit alleen naar toe,
Fun Fairy maybe She might there though never alone to -

zelfs niet op klaarlichte dag, want haar grootouders, waar ze
even not on clear light day because her grandparents where she

werd opgevoed, waren als de dood voor haar, maar ze ging
became raised were as the death for her (very worried for her) but she went

toch wat graag met de oudjes naar het paardenspel en
however what (quite) eagerly with the little old ones to the horses game and

liet zich door haar grootvader op wafels en noga en gebrande
let herself by her grandfather at waffels and nougat and burned (roasted)

amandelen trakteren. Daar profiteerde Door dan natuurlijk ook
almonds treat There profited Door then af course also

van! Want bij Door in huis was het meestal, wat Door
of Because at Door in house was it most of the times what Door

zelf noemde: 'pret op een droogje'.
herself called fun on a little dry (saving on fun)

Mijnheer Siegenbeek was onderwijzer - wat Door
Mr Siegenbeek was teacher what Door
(something that)

evenwel nooit had belet de beest te spelen op school -
nevertheless never had stopped the beast to play at school

maar zó bestond er dan ook geen tweede. Hij was een
but so existed there then also no second (one) He was a
(like that)

klein, vrolijk mannetje, met een zwarte snor en prachtige
small merry little man with a black mustache and wonderful

witte tanden en blinkende, bruine ogen, die altijd vol grappen
white teeth and gleaming brown eyes that always full (of) jokes

zat. Door en Piet noemden hem thuis bij zijn naam, Bram
sat Door and Piet called him at home by his name Bram
(were)

heette hij; stel je voor, Bram zeiden ze tegen hun eigen
was called he put yourself in front Bram said they to their own
imagine yourself

vader. Ze waren met vier kinderen, maar er hing altijd nog
father They were with four children but there hung always still

een heel stel, uit mijnheer zijn klas, over de vloer, en dan
a whole bunch from mr his class about the floor and then
(house)

werd er gezongen en verkleed en toneel gespeeld en
became there sung and dressed up and stage played and

muziek gemaakt. Hun moeder was niet heel sterk en kon niet
music made Their mother was not very strong and could not

zó aan alles meedoen, maar Piet en Door knapten het halve
so to all join but Piet and Door fixed the half
(like that)

huishouden op, ze konden toch zo reusachtig goed leren,
housekeeping up they could anyway so enormously well learn

alles waaide ze aan. En Door wilde later toneelspeelster
everything blowed them on And Door wanted later stage-player
came easily for them (actress)

worden.
become

Door toneelspeelster en Nel van Zanten dramaschrijfster, daar
Door stage-female player and Nel van Zanten drama-female writer there
(actress)

hadden ze het in de 'voorbereidingsklas' altijd al over
had they it in the preparation class always already about

gehad. En Nel had dan ook al verkondigd, dat ze van
had And Nel had then also already announced that she of
(talked)

plan was hier op school zo weinig mogelijk uit te voeren
plan was here at school so little (as) possible out to carry
(the intention) (as) to do

-, als haar grootmoeder tenminste niet al te veel 'weende' en
if her grandmother at least not all to much wept and

haar grootvader niet te vaak over haar gestorven ouders sprak,
her grandfather not too often about her deceased parents spoke

wanneer ze thuis kwam met slechte rapporten. Want tegen
when she at home came with bad reports Because against
(report cards)

de tranen en het verdriet van de 'aandoenlijke oudjes', zoals
the tears and the sadness of the touching little old ones so as (as)

ze haar grootouders noemde, was Nel niet bestand. Maar als ze
she her grandparents called was Nel not resisting But if they

het soms in hun hoofd haalden, dat ze 'streng' moesten zijn
it sometimes in their head fetched (got) that they strict must be

-, o, die verhalen van Nel! Dan kreeg ze 's avonds geen
oh those stories of Nel Then got she of the evening no

vers krentebolletje, maar een van de vorige dag, en moest ze
fresh raisin-bun but one of the former day (last) and must she

warme melk in plaats van koffie drinken en soms zelfs vroeg
warm milk in stead of coffee drink and sometimes even early

naar bed, en dan zat grootmoeder te snikken en grootvader
to bed and then sat (was) grandmother to sniffle and grandfather

keek of hij beulswerk had opgeknapt, net als die man op
looked (as) if he henchman's work had fixed up (done) just like that man on

die griezelige prent van Johannes de Dooper.... Door Siegenbeek
that creepy print of John the Baptist Door Siegenbeek

kon hem precies nadoen, maar ze was toch dol op Nel's
could him exactly after-do (imitate) but she was still crazy at (fond of) Nel's

'aandoenlijke oudjes'.... want wat ze haar moeder niet allemaal
touching little ones because what she her mother not all

stuurden als ze weer eens ziek was geweest.... vruchten en
sent if she again once sick was been fruits and
(had)

kip en wijn....
chicken and wine

Ja, Door had Nel en Nel had Door... maar zij zelf had Lea!
Yes Door had Nel and Nel had Door but she (her)self had Lea

Wat hadden ze onlangs in angst gezeten.... toen er sprake
What had they recently in fear sat when there talk
(been)

van was, dat Lea naar de grote stad, naar de kweekschool zou
of was that Lea to the big city to the nursery school would
(teacher school)

gaan, toen haar vader ineens niet meer scheen te willen, dat
go when her father suddenly not (any)more seemed to want that

ze voor de school hier examen deed. Gelukkig was dat gevaar
she for the school here exam did Fortunately was that danger

afgewend.
turned off
(averted)

Wat nu verder over 'Vliegeren?' O ja.... die vliegerwedstrijd,
What now further about Flying Kites Oh yes that (kite)flyer-match

waar Bart aan had meegedaan. Hoe maakte ze dat nu het best
where Bart on had joined How made she that now the best
(in)

met dat eerste vlieger-avontuur tot één geheel....? Wacht.... En
with that first flyer-adventure to one whole Wait And
(kite adventure)

ze schreef weer en het ging snel.... haar tweede bladzij was
she wrote again and it went fast her second page was

al helemaal vol. Maar ze had geen vloei en moest dus
already totally full But she had no (ink)flow and must so

even wachten.... Het kon ook best, de tijd was ruim
a bit wait It could also surely the time was amply
(was possible)

gemeten. Ze keek eens rond en haar oog viel op Leida
measured She looked once around and her eye fell on Leida

Verkruysen, schuin voor haar in de middelste rij. Wat had
Verkruysen diagonally in front of her in the middle row What had

ze toch eigenlijk een onplezierig gezicht, die gloeierige rode
she indeed actually an unpleasant face those feverish red

wangen, die gele huid, dat vettige, zwarte haar, die krentogen,
cheeks that yellow skin that greasy black hair those raisin eyes

net een pop uit een kermiskraam, maar veel boller en dikker
just a doll from a fun fair stand but much fuller and fatter

natuurlijk.... Ze kende haar niet zo goed, ze had zich het hele
of course She knew her not so well she had herself the whole

jaar in de voorbereidingsklas zo'n beetje apart gehouden en bij
year in the preparation class so a little bit apart kept and at

elke gelegenheid verteld van haar deftige school in haar vroegere
each opportunity told of her chique school in her former

woonplaats - ze woonde nog pas dat ene jaar hier - en dat
living place she lived still only that one year here and that

haar zusje in het najaar naar de school van juffrouw
her little sister in the after-year to the school of miss
(autumn)

Dannenberg zou gaan.
Dannenberg would go

Nu er drie van die uitverkorenen examen deden, zou ze
Now there three of those chosen ones exam did would she

natuurlijk niet rusten voor ze in hun clubje was opgenomen.
of course not rest before they in their little club was taken up

Lettie had heel goed gezien - want bij die jaartallen had
Lettie had very well seen because with those year numbers had

ze toch haar hoofd niet kunnen houden - hoe Leida
she anyway her head not can to keep how Leida
(been able)

zoeven op het plein bij Jeanne Sixma probeerde Lea
so a bit on the courtyard with Jeanne Sixma tried Lea
(just a while ago)

belachelijk te maken. En ze kon werkelijk heel grappig, zelfs
ridiculous to make And she could really very funny even

geestig kon ze zijn, die eer moest je Leida Verkruysen
witty could she be that honor must you Leida Verkruysen

geven, maar altijd ten koste van anderen, van zwakkeren, van
give but always at the cost of others of weaker ones of

kinderen, die om de een of andere reden achterliepen, om een
children who for the one or (the) other reason walked behind for a
(came behind)

spraakgebrek, of, zoals Lea nu, omdat ze verlegen was en een
speaking disorder or like Lea now because she shy was and a

39

beetje raar gekleed en een Jodinnetje.... Daarmee hoopte ze
little bit weirdly dressed and a little Jewish girl There-with hoped she
                                                          (With that)

dan in de gunst te komen, niet van aardige of slimme meisjes,
then in the favor to come not of nice or smart girls

maar altijd van rijkeren, van de 'grote lui' zoals ze hier in
but always of rich ones of the big fellows like they here in

het stadje zeiden....
the little city said

Als het haar ooit lukte, bij Gientje Aben, in het Huis met
If it her ever succeeded at Little Gien Aben in the House with

de Poppen, te worden geïnviteerd... dan zou ze
the Dolls to become invited then would she

het zeker van trots en geluk besterven. Waar deed dat kind
it surely of pride and happiness die away Where did that kid
          surely die of pride and happiness

van die schatrijke ouders eigenlijk examen voor? Die
of those treasure-rich parents actually exam for? That (one)
      (immensely rich)

hoefde toch nooit les te geven. Van Jeanne Sixma en Anke
needed anyway never lesson(s) to give Of Jeanne Sixma and Anke

van den Burg was het beter te begrijpen. Jeanne's vader was
van den Burg was it better to understand Jeanne's father was

notaris en ze woonden in een prachtig huis en ze hoorden
notary and they lived in a wonderful house and they belonged

tot de 'grote lui', maar er waren een massa kinderen, en
to the big fellows but there were a mass (of) children and

Anke leek net iemand om zelf wat te willen bereiken,
Anke seemed just someone for (her)self what to want to achieve
(something)

ook al hoefde ze het niet voor haar brood. Ze was
also already needed she it not for her bread She was
even though

benieuwd of die drie zich apart zouden blijven houden.
curious if those three themselves separate would remain keep

Was de bladzij droog? Ja, eindelijk. Even overlezen wat ze
Was the page dry Yes finally A bit read over what she

al had geschreven was de beste manier om weer op gang
already had written was the best way for again on (the) go

te komen....
to come

Het Examen - Deel III
The Exam - Part III

Het Examen - Deel III
The Exam Part III

Leida Verkruysen had meteen, zonder bedenken, het onderwerp
Leida Verkruysen had immediately without thinking of the subject

'Huiselijk Geluk' gekozen. Niet omdat ze het thuis nu juist
Homely Happiness chosen Not because she it at home now exactly

zo dol prettig hadden. O nee, want er was eeuwig gezeur
so madly fun had Oh no because there was eternal whining
(trouble)

over geld en over de 'promotie' die pa al jaren zou
about money and about the promotion that dad already years would

maken en die pa nooit maakte, en dagelijks gedoe met
make and that dad never made and daily ado with
(get) (got) (fuss)

leveranciers, inhalige, onbeschaafde luitjes, die nooit eens
suppliers greedy uncivilized little fellows that never a time
(who)

behoorlijk hun beurt konden afwachten, maar
decently their turn could wait but

dat alles ging natuurlijk niemand aan.
that all went of course no one on
that was of course nobody's business

Nee, ze had het gekozen, omdat ze je op die manier het
No she had it chosen because they you on (in) that way the

best leerden kennen, omdat je zó kon laten blijken uit
best learned (got) to know because you so (that way) could let appear from

welk milieu je kwam. Ze woonden hier nog maar kort en
which environment you came They lived here still just short and

pa werkte op het Stadhuis. Pa had natuurlijk allang
dad worked on the City-house (City Hall) Dad had of course already long

secretaris moeten zijn, maar iedereen had altijd tegen pa
secretary must be but everyone had always against dad

samengespannen. Pa was ook niet flink,
together stretched (colluded) Dad was also not firm

pa praatte niet van zich af. Ma zei zo vaak:
dad talked not from himself off Mom said so often
did not talk tough

ze hadden mij eens baas moeten laten zijn.
they had me once boss must let be
they should have made me the boss

Thuis wàs ma de baas.
At home was mom the boss

'Huiselijk Geluk'.... zou het in het algemeen zijn bedoeld? Of
Homely happiness would it in -the- general be meant Or

mocht je bijvoorbeeld ook een verjaardag of een ander feest
might you for example also a birthday or an other party

beschrijven als voorbeeld van 'Huiselijk Geluk'? Dan kon ze
describe as example of Homely Happiness Then could she

daar natuurlijk alles bij te pas brengen van hun salon en hun
there of course all by to fit bring of their salon and their
everything mention (about)

prachtige, vergulde kooi met de papagaai - hij was wel
wonderful gilded cage with the parrot he was indeed

allang dood en de kooi stond leeg,
already long dead and the cage stood empty

maar dàt ging niemand aan - en in de gesprekken kon ze
but that went nobdy on and in the conversations could she
but that was nobody's business

dan doen blijken, dat ma 'mevrouw' werd genoemd.
then do appear that mom madam became called
(make) (was)

Kon ze niet een verlovingsfeest bedenken van haar zuster, een
Could she not an engagement party think of of her sister a
(invent)

receptie met bloemen, zijden japonnen, allerlei cadeaus? Neen....
reception with flowers silk dresses all kinds of gifts No

want Marian was helemaal niet verloofd.... dus dan werd het
because Marian was totally not engaged so then became it
(at all)

meer een verhaal en kon ze natuurlijk niets over hun
more a (fictional) story and could she of course nothing about their

eigen salon en hun piano en hun vogelkooi en hun Chinese
own salon and their piano and their birdcage and their Chinese

44

vazen schrijven. Sint-Nicolaas was nooit zo heel gezellig bij hen,
vases write Saint Nicholas was never so very cosy with them

maar dat wist niemand en het ging niemand aan, en ze aten
but that knew nobody and it went nobody on and they ate
that was nobody's business

toch altijd een boterhammetje voor ze naar bed gingen, en
surely always a little sandwich before they to bed went and

zo iets kon je best een souper noemen. Ze had wel
so something could you surely a supper call They had indeed
something like that

eens gelezen over 'oesters en champagne'.... maar dat was al te
once read about oysters and champagne but that was all too

voornaam, dat zou geen mens geloven....
dignified that would no human believe
(person)

Makkelijk was zo'n opstel niet, ze werd helemaal warm van
Easy was such an essay not she became all warm from

de inspanning. Had ze er mischien niet beter aan gedaan
the exertion Had she there maybe not better on done

'Kermis' te kiezen? Enfin, ze zat nu eenmaal in dit
Kermis to choose In-end (french) she sat now one time in this
(Whatever)

schuitje en moest er maar verder mee. Ze las eens over
little barge and must there but further with She read one time again
(just) (get on)

wat ze al had staan. Het begin was niet zo slecht:
what she already had stand The beginning was not so bad

45

'Huiselijk Geluk treft men voornamelijk aan in
Homely Happiness hits one mainly on in
(treft aan; finds) (treft aan; finds)

beschaafde milieu's. Onder "beschaafd milieu" versta ik....'
civilized environments Under civilized environment understand I
(decent) (decent)

zo hadden ze op hun vorige school altijd moeten schrijven, dat
so had they on their last school always must write that

kwam overal prachtig bij te pas.... 'waar men weet hoe het
came everywhere wonderfully by to fit where one knows how it
(was) useful

hoort.' Dat had ze misschien nog wat kunnen uitwerken,
hears That had she maybe still (some)what be able to work out
(should be) (to expand on)

maar ze wist eigenlijk niet hoe. Het was ook wel duidelijk.
but she knew actually not how It was also however clear

'Waar men weet hoe het hoort' dan wist iedereen wat je
Where one knows how it hears then knew everyone what you
(should be)

bedoelde! En dat was wel leuk, wat ze dan daarna had
meant And that was indeed nice what she then there-after had

geschreven over die mensen aan de overkant, die zo gek
written about those people on the other side that so crazy
(who) (foolish)

hadden gedaan, toen ze hier kwamen wonen. Die hen op
had done when they here came live That them on
(who)

straat hadden aangesproken, nog vóór ze elkaar behoorlijk
(the) street had spoken to still before they eachother decently

een visite hadden gebracht, en die later een keer hun kaartjes
a visit had brought and that later one time their little cards
(who) (calling cards)

in een envelop, - en de hoekjes niet eens omgevouwen! -
in an envelope and the little corners not once folded around

bij hen in de brievenbus hadden gestopt, toen ze niet thuis
with them in the mailbox had put when they not at home

waren. Dat is te zeggen: ze waren wel thuis geweest, maar
were That is to say they were indeed at home been but
(had)

ze gaven niet thuis -, ze hadden 'de meid niet-thuis
they gave not at home they had the maid not-at home
(pretended to be)

laten geven' -, hè, zo'n echt deftige uitdrukking vond ze dat....
let give hey such a real dignified expression found she that
(say)

En o, dat idiote visite-kaartje van die mensen: 'T. van der
And oh that idiotic little calling card from those people T van der

Knoop, in Wijnen, en echtgenote'! Twee dezelfde, in één
Knoop in Wines and wife Two the same in one

envelopje; van elk één, ze hadden zich ziek gelachen
envelope from each one they had themselves sick laughed

thuis. Ma en pa hadden kaartjes met 'Monsieur et Madame
at home Mom and dad had little cards with Sir and Madam

Verkruysen'.
Verkruysen

Ja, het werd zo al met al toch wel een héél aardig opstel,
Yes it became so all with all indeed surely a very nice essay
thus in total

en   ze   herademde.   Verbeeld   je,   dat   je   een   onderwerp
and   she   breathed (lighter)   Imagine   yourself   that   she   a   subject

had   gekozen   en   dan   middenin   bleef   steken   en   niet   verder
had   chosen   and   then   in the middle   remained   stuck   and   not   continue

kon.
could

Hè, hè,   dat   was   zover,   nu   zou   het   ook   verder   wel   vlotten....
Eh   eh   that   was   so far   now   would   it   also   further   surely   go fast

nu   kon   ze   eens   even   rondkijken   en   uitblazen.   Ze   had
now   could   she   once   a bit   look around   and   blow out   She   had

daareven   op   het   plein   de   nieuwen   wel   al   zowat
there for a while   on   the   courtyard   the   new ones   though   already   almost

opgenomen,   maar   ze   had   zich   natuurlijk   het   meest   met   de
taken in   but   she   had   herself   of course   the   most   with   the

drie   bemoeid,   waar   ze   feitelijk   toch   ook   bij   hoorde.   Anke   en
three   bothered   where   she   factually   however   also   to   heard (belonged)   Anke   and

Jeanne   en   Gien.
Jeanne   and   Gien

Wat   zou   ma   blij   zijn   als   ze   hoorde,   dat   er   niet   alleen
What   would   mom   glad   be   if   she   heard   that   there   not   just

gewone   burgerkinderen   examen   hadden   gedaan.   Nu   kreeg   ze
simple   common kids   exam   had   done   Now   got   she

vast   een   nieuwe   jurk   voor   sjieke   gelegenheden   en   mocht
probably   a   new   dress   for   fancy   occasions   and   was allowed

ze haar bruin fluwelen als schooljurk gaan dragen, dan moest
she her brown velvet (one) as schooldress to go wear then must

Zeyl nog maar even langer met zijn rekening wachten. Dan moest
Zeyl still just a bit longer with his invoice wait Then must

hij zijn dochters maar geen bontkragen laten dragen. Dat was
he his daughters just not fur collars let wear That was

toch nergens nodig voor.... Van de anderen had ze
indeed nowhere necessary for Of the others had she
not necessary at all

feitelijk best met Nel van Zanten en desnoods ook met
factually best with Nel van Zanten and of the necessity also with
(as a matter of fact) (if need be)

Door Siegenbeek kunnen omgaan -, hoewel, een onderwijzersgezin,
Door Siegenbeek be able to relate although a teacher's family

het was wel net op het kantje af.
that was indeed just on the little edge off
only just doable (rank wise)

Maar de oude heer Van Zanten was ontvanger
But the old gentleman Van Zanten was (money order) receiver
(had)

geweest, en ma zei altijd: ontvanger is een deftig beroep,
been and mom said always receiver is a distinguished profession

omdat er zoveel geld aan je is toevertrouwd; dat
because there so much money on you is entrusted that

vertrouwen ze natuurlijk alleen aan beschaafde mensen toe.... De
entrust they of course only to civilized people -to- The

oude heer Van Zanten was vroeger rijk geweest.... maar al
old gentleman Van Zanten was earlier rich been but all
(had) (in the past)

het geld was opgegaan aan Nel's vader en moeder. Ze hadden
the money was up-went to Nel's father and mother They had
          (spent)

het niet bepaald op een verkeerde manier opgemaakt, maar dom,
it not certainly on a wrong way up-made but dumb
          (spent)

dom.... onverstandig weggeven en dure reizen.... studie-reizen....
dumb unwise giving away and expensive trips study trips

hij had altijd uitvindingen willen doen. De grootvader was óók
he had always inventions want to do The grandfather was also

een beetje vreemd, hij dichtte, stel je voor, Latijnse
a little bit strange he made poems set yourself in front Latin
          imagine

verzen, werd er verteld, maar niemand had ze ooit gelezen.
verses became there told but no one had them ever read
      it was said

Dus wat die Nel voor een opvoeding had gehad, dat hoefde je
So what that Nel for an education had had that needed you

niet te vragen. Een bespottelijk kind, met haar 'hogere sferen'.
not to ask A ridiculous child with her higher spheres

Van de rest kwam eigenlijk niemand voor haar in aanmerking.
Of the rest came actually nobody for her in consideration
      nobody qualified to be her friend

Het malle Jodenkind uit de uitdragerij, met haar jurken van het
The silly Jewish kid from the junk shop with her dresses from the

jaar nul en haar vriendin.... ja, nu zag je toch weer
year zero and her girlfriend yes now saw you indeed again
      (friend)

duidelijk,
clear

wat ma altijd zei: soort zoekt soort.... die twee konden
what mom always said species searches (same) species those two could
same people are attracted

helemaal buiten beschouwing blijven.
totally out of consideration remain

Dan was er Tine Maas. Ze kende haar van catechisatie, haar
Then was there Tine Maas She knew her from catechization her

vader gaf pianoles, maar ze leek saai en ze had bijna
father gave piano lesson(s) but she seemed boring and she had almost

geen kleren.
no clothers

Verder dan nog die twee zusjes of nichtjes. De langste,
Further then still those two little sisters or little cousins The tallest
(sisters) (cousins)

die de oudste leek, die had wel iets nets over
who the eldest seemed that (one) had indeed something fine about

zich. Maar je moest het natuurlijk eerst wel héél zeker weten.
herself But you must it of course first well very surely know
(had to)

En dan, je kreeg waarschijnlijk de andere op de koop toe en
And then you got probably the other on the buy to and
added to it

die leek haar een kinderachtige wurm. Zó verrukt, zó
that (one) seemed her a childish worm So delighted so

vereerd met de aanstellerige fratsen van die oude Adelink. Och,
honored with the affected farces of that old Adelink Oh

maar die twee reisden toch ook heen en weer, dus daar
but those two travelled however also to and back so there

had je vanzelf niet veel aan.
had you from-self not much on
    (logically)

En dan zat daar achteraan nog zo'n soort boerentrientje....
And then sat there back-on still so a sort little farmer-lass
        (in the back) some kind of boorish girl

niemand kende haar, zij kwam uit Oudveen en reisde ook
nobody knew her she came from Oudveen and travelled also

heen en weer.... die had nog geen één keer van haar
to and back that (one) had still not one time from her

papier opgekeken, erg hard schoot ze niet op, ze werd
paper looked up very hard shot she not up she became
        she didn't go very fast

hoe langer hoe warmer en onrustiger. Ze had haar straks
how longer how more warm and more nervous She had her right now
    more and more warm and nervous

even met Nel van Zanten horen praten, in zo'n echte
for a while with Nel van Zanten hear speak in so a real

boerse dreun.... dus veel bijzonders zou dat ook wel niet
farmer-like drone so much special would that also surely not

zijn.
be

Wat nu verder over 'Huiselijk Geluk'?
What now further about Homely Happiness

Zou ze er iets bij kunnen halen van tante Agaath, die
Would she there something to could fetch of aunt Agaath who
    Should she add something

gezelschapsjuffrouw was bij een dame van adel en tegen wie
company-miss was at a lady of nobility and to whom

een nieuwe huisknecht onlangs 'freule' had gezegd?
a new house-servant recently - had said
(unmarried noble woman)

Nee, dat was misschien wat te ver gezocht. En toch.... zulke
No that was maybe what too far searched And still such
(a bit) (fetched)

dingen droegen wel degelijk bij tot je huiselijk geluk,
things bore indeed solid to to your homely happiness
surely added

want wat was ma die dag in haar nopjes geweest, toen tante
because what was mom that day in her - been when aunt
very happy

Agaath dat schreef!
Agaath that wrote

Buiten schreeuwde een oude man met een karretje radijs en een
Outside yelled an old man with a little cart radish and a

straatjongen bootste hem zó koddig na, dat Door en Nel allebei
street boy - him so droll after that Door and Nel both
copied him so comically

tegelijk opkeken van hun werk en elkaar aankeken en
at the same time looked up from their work and eachother looked at and

in de lach schoten. Lien Doezer zag het, moest óók lachen en
in the laugh shot Lien Doezer saw it must also laugh and
burst out laughing

stak de anderen aan.
stuck the others on
made the others (laugh) as well

53

Maar de norse examinator met zijn waterige groen-grijze ogen
But the sultry exam teacher with his watery green-gray eyes

en zijn peper-en-zout-baard, die aan een tafeltje voor de
and his pepper-and-salt-beard who on a little table in front of the

klas rekenwerk zat na te kijken, keek verstoord op en
class math-work sat after to look looked disturbed up and
 (math homework) was checking

tikte streng een paar keer op het tafelblad. Lien Doezer kon
knocked severe a few times on the tabletop Lien Doezer could

toch niet nalaten de hals te rekken om te zien of hij het
however not let after the neck to stretch for to see if he it
 (refrain from)

met een mes of een sleutel deed of dat hij zulke harde vingers
with a knife or a key did or that he such hard fingers

had.
had

Haar opstel had ze gelukkig klaar, veel bijzonders was het niet
Her essay had she fortunately ready much special was it not
 (had)

geworden, maar in elk geval, dacht ze, wel voldoende. Ze
become but in each case thought she surely satisfactory (mark) She
 (any)

had 'Kermis' maar gekozen. 'Mijn Bloemen' stond zo gek als je
had Fun Fair just chosen My Flowers stood so weird if your
 (seemed)

vader bloemist was en 'Huiselijk Geluk', verbeeld je het
father flower seller was and Homely Happiness imagine yourself the

idee alleen, dat je over je vader en moeder en je thuis
idea alone that you about your father and mother and your home

ging schrijven in een opstel dat al die vreemde meneren te
went to write in an essay that all those strange gentlemen to
(unknown)

lezen kregen!
read got

En de kermis was altijd nogal leuk bij hen op het dorp en
And the fun fair was always quite fun at them on the village and

ze had er eens haar beursje verloren en op de gekste
she had there once her little wallet lost and on the craziest
(in)

manier weer teruggekregen. Anna zou 'Mijn Bloemen' wel
manner again back gotten Anna would My Flowers surely

gekozen hebben, ze was razend knap in plantkunde en wist
chosen have she was raging smart in plant-knowledge and knew

alles van alle mogelijke kruiden en gewassen af. Als
everything about all possible herbs and crops -of- If

die geen tien kreeg! Geen wonder, dat ze nog altijd
that (one) no ten (mark) got No wonder that she still always

niet klaar was, dat ze maar door schreef, het ene vel na het
not ready was that she just on wrote the one page after the

andere vol, zonder haperen, zonder bedenken. Die examinator
other full without to falter without to think over That exam teacher

had haar nu al in de gaten!
had her now already in the holes
        his eye on her already

Kijk, daar kwam de zon! Door de bovenste vensterruiten viel
Look there came the sun Through the upper window panes fell

ze in en sloop over het witte plafond naar de lange, saaie,
she in and sneaked over the white ceiling to the long boring

zwarte gasleiding toe. Wat een aardig gezicht. Zonde dat
black gas pipe -to- What a lovely sight Sin that
(Shame)

niemand dan zij daar nu van genoot. Zou ze
no one (else) than she there now from enjoyed (themselves) Would she
(her)

eens naar dat meisje Lea wenken, of naar Lettie met het mooie
once to that girl Lea nudge or to Lettie with the beautiful

haar? Als daar de zon op scheen, wat zou dat dan prachtig
hair If there the sun on shone what would that then wonderful

wezen. Zelfs Anna had er straks op het plein vol
be Even Anna had there just now on the court yard full (of)

bewondering naar staan kijken -, en daarna had ze haar eigen
admiration to stand watch and there-after had she her own

saaie vlecht over haar schouder naar voren getrokken en er
boring braid over her shoulder to (the) front pulled and there

een beetje spijtig naar gekeken, eventjes maar, toen had ze
a bit sorrowful at looked a little while just then had she

een kleur gekregen of ze zich schaamde en gauw de
a color gotten (as) if she herself embarrassed and quickly the
blushed

vlecht laten glippen....
braid let slip

Naar wie keek Lea daar telkens achterom? O, natuurlijk naar
At whom looked Lea there all the time behind Oh of course to

Lettie. Die twee waren echte vriendinnen, dat zag je aan
Lettie those two were real girlfriends that saw you on
(friends) (in)

alles. Leuk, zo'n vriendin te hebben. Hè, ze schrok van
everything Nice so a girlfriend to have Hey she scared from
(such a) (friend) (got a shock)

de gedachte.... Anna was toch hàar vriendin, wat onaardig
the thought Anna was indeed her girlfriend what not nice
(friend) (how)

tegenover Anna! Nu ja, Anna was haar vriendin, omdat ze haar
against Anna Now yes Anna was her friend because she her

nichtje was, omdat ze bijna tweelingen waren, omdat ze
cousin was because they almost twins were because they

altijd samen hadden gespeeld en geleerd, en alles samen
always together had played and learned and everything together

hadden gedaan.... maar ze had haar niet zelf gekozen, ze
had done but she had her not (by her)self chosen they

hadden elkaar niet echt gekozen. Dat moest juist het ware,
had eachother not really chosen That must just the true
(had to)

het prettige zijn van een vriendin te hebben!
the pleasant be of a girlfriend to have
(friend)

O bah.... wat werd het hier suf en saai langzamerhand.
Oh bah what became it here dreary and boring slower-hand
(slowly gradually)

Gebeurde er maar eens iets. Gooide maar eens een
Happened there just once something Threw just once a

straatjongen een steen door de ruiten. Begon desnoods die
streetboy a stone through the windows Began even that

vervelende pruik daar voor de klas maar eens flink te
annoying wig there in front of the class just once firm to
(severely)

niezen.... En nèt had ze het gedacht of de deur ging open en
sneeze And just had she it thought or the door went open and

daar was die lieve oude man weer, nu natuurlijk zonder zijn
there was that dear old man again now of course without his

jas, in een wijd lichtgrijs pak, en met een grote, zwarte, losse
coat in a wide light gray suit and with a large black loose

das onder zijn laag liggend boord -, wat een prachtig zilverig
tie under his low lying collar what a wonderful silvery

haar had hij toch. Hij ging naar het tafeltje en fluisterde de
hair had he indeed He went to the little table and whispered the

norse examinator wat in. Die keek onwillig en
sultry exam teacher what in (the ear) That (one) looked unwilling and
(something)

schudde stug van nee. Maar de vriendelijke oude man
shook rigidly -of- no But the friendly old man
(stubborn)

gaf het niet op, hij haalde zijn horloge voor de dag, toonde het
gave it not up he fetched his watch for the day showed it
did not relinquish

de ander en wees naar buiten. Die keerde zich, weer
the other and pointed -to- outside That (one) turned himself again

58

even onwillig, langzaam naar het raam, bleef even kijken en
as unwilling slowly to the window remained a while to look and
(looking)

wendde zich af.
turned himself off

Vol spanning zat Lien, zonder het zelf te weten, het doen en
Full (of) tension sat Lien without it (her)self to know the to do and
Anxiously (realize) (doing)

laten van de beide heren gade te slaan, totdat ineens de
to let from the both gentlemen - to hit until in once the
(letting) to watch (at once)

norse haar in het oog kreeg.
sultry (one) her in the eye got
caught sight of

'Doorwerken, alsjeblieft... In elk geval voor je kijken,
On work please In each case in front of yourself look
(Continue working) (any)

als je zo vriendelijk wilt zijn.'
if you so friendly want to be
if you don't mind

Lien kreeg een kleur als vuur, maar de oude heer knipoogde
Lien got a color as fire but the old gentleman winked

haar vaderlijk toe en trok daarbij zo'n allergekst gezicht, dat
her fatherly at and pulled there-by such a all-craziest face that

ze wel weer lachen moest. Meteen
she indeed again laugh must Immediately

liep hij het lokaal weer uit.
walked he the room again out
he left the classroom again

De — norse — examinator — kwam — nu — overeind — van — zijn — stoel — en
The — sultry — exam teacher — came — now — end-up / now got up — from — his — chair — and

tikte — op — tafel — om — attentie, — maar — Lien — durfde — bijna — niet — op
knocked — on — (the) table — for — attention — but — Lien — dared — almost — not — up

te — kijken.
to — look

'Wie — zin — heeft — kan, — als — haar — opstel — klaar — is, — tien — minuten — naar
Who — lust / feelts like it — has — can — if — her — essay — ready — is — ten — minutes — to

buiten — gaan. — Wie — niet — klaar — is, — natuurlijk — niet. — Maar — jullie
(the) outside — go — Who — not — ready — is — of course — not — But — you

kunnen — ook — je — opstel — nog — eens — overlezen, — in — die — twintig
can — also — your — essay — still — once / another time — read over — in — those — twenty

minuten, — voor — het — rekenen — begint, — en — er — de — taalfouten
minutes — before — the — math — starts — and — there — the — language mistakes

uithalen. — Taalfouten — tellen, — en — niet — mals — ook. — Iedereen — is
fetch out (correct) — Language mistakes — count — and — not — tender — also / not for a little bit — Everyone — is

nu — gewaarschuwd!'
now — warned

Het — klonk — precies — alsof — taalfouten — nog — minder — mals — zouden
It — sounded — exactly — as if — language mistakes — still — less — tender — would

tellen — voor — wie — het — hart — mocht — hebben — tien — minuten — naar
count — for — who — the — heart — might — have / dared — ten — minutes — to

buiten te gaan -, en Door Siegenbeek, die al halfweg
(the) outside to go and Door Siegenbeek that already halfway
(who)

was opgerezen, ging aarzelend weer zitten, maar toen ze haar
was risen went hesitating again sit but when she her

vriendin Nel heel resoluut en het eerst van allemaal, glimlachend
girlfriend Nel very resolute and the first of all smiling
(friend)

onder het nijdig kijken van de man voor de klas, kalm uit
under the spiteful looking of the man in front of the class calm from

de bank zag stappen en naar de deur gaan, riep ze halfluid:
the bench saw step and to the door go called she half loud

'Ik volg je op de voet.' Het meisje met de bril en de
I follow you on the foot The girl with the glasses and the

spitse neus was de derde; haar volgde haastig die lelijke, nare
pointed nose was the third her followed hastily that ugly nasty

kaktrien, die Lea had staan uitlachen daareven. Even later
stuck up girl that Lea had -stand- laugh at just there A bit later

stond ook Anke op....
stood also Anke up

Lien zat besluiteloos.... Als ze nu óók ging, kon ze misschien
Lien sat indecisive If she now also went could she maybe

met dat grappige tweetal kennis maken. Ze leken haar zo
with that funny twosome acquaintance make They seemed her so

aardig en ze wilde zo graag zo gauw mogelijk iedereen die
nice and she wanted so eagerly so soon (as) possible everyone that
(very much) (as) (who)

maar aardig of grappig of goedig leek, leren kennen...
only nice or funny or good-natured seemed learn to know

Ze was toch klaar, ze had haar opstel drie keer overgelezen
She was anyway ready she had her essay three times read over

en er na de derde keer niets meer uitgehaald. Die
and there after the third time nothing (any)more fetched out That
(taken out)

akelige kerel voor de klas zou toch zeker niet nú al
nasty bloke in front of the class would indeed surely not now already

de pik op haar hebben? In elk geval wilde ze wachten, tot hij
the pick on her have In any case wanted she wait until he
pick on her

weer in zijn papieren verdiept zat. Juist.... en nu.... hè.... even
again in his papers deepened sat Right and now hey a while
(concentrated)

in de zon, in de bloemengeur, even je armen uitslaan,
in the sun in the flowersmell for a minute your arms strike out
(stretch out)

je voeten warm stampen, je mond open doen, lopen, praten,
your feet warm stamp your mouth open do walk talk

lachen.... En ze was al overeind...
laugh And she was already up-end
(had) (gotten up)

Maar daar keek Anna om en zag haar intentie, en haar
But there looked Anna around and saw her intention and her

ogen zeiden: 'Niet doen!' Haar ogen waarschuwden: 'Liever
eyes said Not do Her eyes warned Rather
Don't do it

nóg eens overlezen!' Haar ogen maanden: 'Je bent het verplicht
still once read over Her eyes reminded You are it obliged
read it over one more time

tegenover je oom, tegenover mijn vader. Hij wil niet alleen
against your uncle against my father He wants not just

dat we slagen, hij wil, dat we goed slagen.' En Lien
that we succeed he wants that we well succeed And Lien

onderwierp zich met een zucht, wierp een blik door het
submitted herself with a sigh cast a glance through the

raam, doopte nog eens in en begon 'De Kermis'
window dipped still once (the pen) in (the ink) and began The Fun Fair

voor de vierde maal over te lezen.
for the fourth time over to read

Ze was nu langzamerhand wee van haar eigen gebazel -,
She was now by and by sick from her own babble

liefst had ze het hele saaie relaas verscheurd, het leek
most dear had she the whole boring tale ripped up it seemed
(preferably)

haar nu nauwelijks nog een viertje waard. Maar wacht
her now hardly still a little four (mark) worth But wait

eens, daar stond warempel nog 'vindt je' met 'dt.' Altijd
once there stood indeed still finds you with s Always
(a minute)

datzelfde struikelblok. Weg, overtollige t! Ziezo.... als ze nú
that same tripping block Away redundant s See so if she now
(Well)

zakte, zou tenminste niemand kunnen zeggen dat het haar
went down would at least no one be able to say that it her
(failed)

eigen schuld was...
own   fault   was

De Kersen En Het Schimmetje - Deel I

The Cherries and the Little Ghost - Part I

De	Kersen	En	Het	Schimmetje	-	Deel	I
The	Cherries	And	The	Little Ghost	-	Part	I

Voor	de	wijdopen	tuindeuren	stroomden	de	geuren	van	rozen
Before	the	wide open	garden doors	flooded	the	smells	of	roses

en	heliotroop	en	vermengden	zich	met	die	van	de	koffie,
and	heliotrope	and	mixed	themselves	with	that	of	the	coffee

de	jasmijn	en	de	aardbeien	op	de	fleurige,	frisse	koffietafel.	De
the	jasmin	and	the	strawberries	on	the	flowery (colorful)	fresh	coffee table	The

kersen	konden	zich	in	die	symphonie	van	geuren	niet
cherries	could	themselves	in	that	symphony	of	fragrances	not

mengen,	maar	ze	straalden	des	te	verlokkender,	midden	op	het
mingle,	but	they	beamed	of the the more	to	luring	middle	on	the

glanzend	witte	tafellaken,	in	hun	gekleurde	porceleinen	schaal.
shiny	white	tablecloth,	in	their	colored	porcelain	bowl

Ze	straalden	zó	verlokkend,	dat	de	lange,	blonde	Frits	er	niet
They	beamed	so	alluring,	that	the	tall	blond	Frits	there	not

afblijven   kon,   alhoewel het   bordje   voor   hem   op   tafel
keep away from   could although the   little plate before him   on   (the) table

al   vol lag met   pitten en   stelen. Elke keer opnieuw ging zijn
already full lay with pits   and stems   Each time again   went his

lange, pezige hand van   de   schaal naar zijn mond   en   hij zuchtte:
long   sinewy hand from the bowl   to   his   mouth and he   sighed

'Dat   is zo ellendig   met   kersen,   dat   je   niet ophouden kunt.
That   is so miserable   with cherries that you   not   stop   can
           the problem

Feitelijk zitten ze   me   tot hier en   toch   kan ik het niet laten.'
Factually sit   they me   to   here and still can I   it   not   let (go)
                        I have had enough

'Wat   echt   onesthetisch', berispte Emmy en   sprak het mooie
What   really unaesthetic   rebuked   Emmy and   spoke the beautiful
(How)

woord zo voorzichtig en   zo   nuffig   uit   dat Frits luidkeels
word   so carefully   and so   arrogantly   -out- that Frits loud-throated
                                                                 (loud)

lachte: 'Waar haalt de   bandiet de   woorden vandaan! Onesthetisch!
laughed Where gets   the bandit   the words   from   Unaesthetic

Hoe   komt   de   trots in een varken!'
How   comes   the pride in a   pig

Hij telde   dan   ook   al   negentien jaren en   was al   bijna
He   counted then also   already nineteen   years and was already almost
              (so)

een jaar student, terwijl Emmy pas   sinds verleden week   de
a   year student   while   Emmy just since last   week   the

zeventien had bereikt. Bovendien, 'maar een kostschoolmeisje'!
seventeen (years) had reached On top of that just a boarding school girl

Sinds het vorig jaar ging ze in Lausanne op kostschool, ze
Since the last year went she in Lausanne at boarding school she

was nu voor de Pinkstervakantie overgekomen en zou
was now for the Easter holiday come over and would

meteen haar verjaardag blijven vieren.
immediately her birthday stay celebrate
(at the same time)

Met een nuffig gebaartje koos ze nu zelf ook nog een
With an arrogant little gesture chose she now herself also still a

lokkende, rijpe kers van de schaal, zoog hem langzaam uit
luring ripe cherry from the bowl sucked him slowly out
(it)

tussen haar dunne, gespitste lippen, en legde het steeltje op
between her thin pointed lips and laid the little stem on

haar bord.
her plate

'Eigenlijk zonde dat die malle schapen nu vanmiddag onze
Actually sin that these silly sheep now this afternoon our
(a shame)

heerlijke kersen van oom Coen komen opeten. Ik blijf erbij,
delightful cherries from uncle Coen come finish eating I stay with it

moeder, ik vind het vreselijk overdreven van u. Een glas
mother I find it very over the top from you A glass
(think)

limonade met een koekje had even goed gekund, als u dan
(of) lemonade with a cookie had just (as) well been able if you then

met alle geweld die hele bende hier wilde hebben.'
with all violence that whole gang here wanted to have
so very much

'Dat heb je, geloof ik, al een paar keer eerder gezegd,'
That have you believe I already a few times earlier said

antwoordde de moeder een beetje koel en Emmy zweeg met
answered the mother a bit cool and Emmy kept silent with

een gepikeerd schouderophalen.
an offended shrugging

Anke stond op het punt iets te zeggen, maar
Anke stood on the point (of) something to say but
(verge)

bedacht zich, ook Frits keek alsof hij nog wat
thought of herself also Frits looked as if he still what
changed her mind (something)

te berde had willen brengen, maar
to - had want to bring but
up in the conversation

deed er ook het zwijgen toe.
did there also the silence to
also kept silent

'Nog koffie, vader?'
Still coffee father

Met een knik schoof dokter Van den Burg zijn kopje bij en
With a nod shoved doctor Van den Burg his little cup by and
(close)

Anke maakte de koffie klaar.
Anke made the coffee ready

'Wat ga jij doen vanmiddag, Frits?' informeerde Emmy.
What go you do this afternoon Frits informed Emmy

'Ik? Misschien eerst wat cricketten, en dan in elk geval zeilen.
I Maybe first some cricketing and then in any case sailing
(Me)

Trainen voor de wedstrijd. Met Herbert Aben en met Jules de
Train for the match With Herbert Aben and with Jules de

Koo.'
Koo

'Als jullie niet te ver gaat en niet van plan bent er nu
If you not too far go and not of plan are there now
the intention have

al een race van te maken, zou ik wel mee kunnen gaan
already a race from to make would I well along be able to go

zeilen.'
sail

De genadige toon van het voorstel ontlokte Frits een spottende
The lenient tone of the suggestion elicited Frits a mocking

buiging. 'Niets zal ons aangenamer zijn. Hij had trouwens al
bow Nothing will us more pleasant be He had by the way already

naar je gevraagd. Of je niet eens een keertje mee kwam.'
to you asked If you not once a little time along came
(about)

'Wie.... wie heeft naar me gevraagd?' vroeg Emmy gretig.
Who who has to me asked asked Emmy eagerly
(about)

'Jules de Koo natuurlijk', kwam Frits kwasi-onschuldig.
Jules de Koo of course came Frits semi-innocent
(answered) (as if not knowing who she meant)

'Oh, Jules, wat kan mij die jongen schelen.'
Oh Jules what can me that boy lack
  what do I care about that boy

'En wie dacht jij dan....?' plaagde haar broer. 'Herbert Aben
And who thought you then teased her brother Herbert Aben

soms....?'
maybe

'Niemand,' snibde ze terug, boos dat ze zich had verraden.
Nobody snapped she back angry that she herself had betrayed

'Hoe laat gaan jullie?'
How late go you

'Ja, hoe laat? Tegen half drie, denk ik. Maar moet jij niet
Yes how late Against half three think I But must you not
          (About)

eigenlijk thuis blijven vanmiddag?' Hij keek beurtelings zijn
actually at home stay this afternoon He looked in turn his

moeder en Anke aan.
mother and Anke at

'Ik?' hernam Emmy verontwaardigd. 'Ik thuisblijven voor die
I retook Emmy indignant I stay home for those
(Me) (continued)

wurmen van Anke? Dat kan niemand van me verlangen.'
worms of Anke That can nobody of me desire

'Niemand verlangt het dan ook van je,' zei de moeder, op
Nobody desires it then also of you said the mother on

dezelfde toon van zoeven. Dit prikkelde Emmy en ze keerde
the same tone of just now This irritated Emmy and she turned

zich naar haar vader om hulp.
herself to her father for help

'Vader, zegt u nu eens zelf! Moet ik vanmiddag, omdat die
Father say you now once self Must I this afternoon because those
you say for yourself

kinderen.... Of hebt u van het hele gesprek weer niets
kids Or have you of the whole conversation again nothing

gehoord?'
heard

'Eigenlijk.... nee. Maar vertel me maar gauw, kindje, waar ging
Actually no But tell me just quick little child where went

het over?'
it about

'Ik zou er vader maar buiten laten, Ems!' ried Anke.
I would -there- father just out leave Ems advised Anke

Dokter van den Burg sloeg een klein boekje,
Doctor van den Burg struck a small little book
(sloeg dicht; slammed shut)

waarin hij voortdurend had zitten bladeren, met een resoluut
where-in he continually had sit leaf with a decided
(in which)

gebaar dicht, stak het weg en schikte zich tot
gesture tight stuck it away and arranged himself to
(sloeg dicht; slammed shut)

aandachtig luisteren met een zó duidelijke goede wil, dat Anke
attentive listening with a such clear good will that Anke

lachend zei:
laughing said

'Sloof je maar niet zo uit, paps, het is
Apron yourself but not so out dad it is
(Sloof uit; Work hard) (Sloof uit; Work hard)

heus de moeite niet waard.'
really the trouble not worth

'Ja, jullie moeten het mij maar niet kwalijk nemen, ik dacht
Yes you must it me just not bad take I thought

even... aan iets.... aan een patiënt....'
for a minute to something to a patient

Altijd waren zijn gedachten bij zijn zieken, en zelf
Always were his thoughts at his sick persons and (him)self
(patients)

klaagde hij er dikwijls over tegen zijn vrouw, dat hij er
complained he there often about against his wife that he there
(to) (of it)

zich nooit van losmaken kon. Na een week van sjouwen en
himself never of loosemake could After a week of heavy lifting and

werken, bij nacht en ontij vaak, over slechte wegen, door
working at night and bad weather often over bad roads through
(on)

afgelegen polders menigmaal, werd hem de enkele rustige
distant polders oftentimes became him the single calm

Zondag, dat geen al te ernstige patiënten zijn hulp vereisten, nog
Sunday that no all to serious patients his help demanded still

bedorven door zijn getob.
spoiled by his worrying

Hij was het voorbeeld van een dokter, die weliswaar niet 'in
He was the example of a doctor who indeed is true not in

zijn beroep is verhard', maar voor wie aan huiselijk
his profession is hardened but for whom to homely
(has been) (made unsensitive) (of)

leven niet veel meer is overgebleven. Voor zijn kinderen had
life not much (any)more is remained left For his kids had
(has)

hij nooit meer dan halve aandacht gehad, zelfs
he never more than half attention had even

op hun gezondheid zou hij, zonder aandringen
on their health would he without insisting
(op gelet; paid attention to)

van zijn vrouw, niet altijd hebben gelet. Zijn vrouw
of his wife not always have - His wife
(op gelet; paid attention to)

had de kinderen opgevoed, bijna zonder zijn steun. En
had the children raised without almost his support And

gemakkelijk was dat niet geweest, met drie zo uiteenlopende,
easy was that not been with three so from-one-walking
(had) (different)

elk op een andere manier moeilijke karakters.
each on an other way difficult characters

Frits, de oudste, was wel altijd makkelijk en meegaand
Frits the eldest was surely always easy and accommodating
(had)

geweest, maar die makkelijkheid en meegaandheid
been but that ease and accommodation

kwamen eigenlijk vooral uit gemakzucht
came actually mainly from want of comfort
(kwamen voort; resulted from)

voort. **Liefst** **liet** **hij** **zich** **maar** **zo** **simpelweg**
forth Most rather let he himself just so simply
(kwamen voort; resulted from)

door **het** **leven** **rollen** **en** **ondanks** **zijn** **uitstekende** **hersens** **had**
through -the- life roll and despite his excellent brains had

hij **toch** **nog** **kans** **gezien** **op** **de** **H.B.S.** **een** **keer**
he however still chance seen on the Hogere Burger School one time
managed (Higher Citizen School)

te **blijven** **zitten.** **Iedereen** **hield** **van** **hem,** **met** **iedereen**
to remain sitting Everyone held of him with everyone
not to pass over to the new class loved him

ging **hij** **vriendelijk** **om,** **even** **gemoedelijk** **met** **de**
went he friendly about similarly at ease with the

tuinmansjongen **als** **met** **zijn** **academievrienden,** **want** **hij** **wilde**
garden boy as with his academy friends because he wanted

zo **graag** **door** **iedereen** **aardig** **worden** **gevonden.** **Zijn**
so very much by everyone nice become found His
be liked

gemakzucht **had** **hem** **wel** **een** **beetje** **tot** **een**
want of comfort had him indeed a little bit to an

allemansvriendje **gemaakt.**
everyones little friend made

Emmy's **karakter** **vertoonde** **in** **vele** **opzichten** **daarvan** **het**
Emmy's character showed in many aspects there-from the
(from that)

tegendeel, **ze** **kon** **helemaal** **niet** **goed** **leren** **en** **ze** **had** **'airs',**
against-part she could totally not well learn and she had airs
(opposite)

'aria', zoals Frits het uitdrukte. Tegenover de dienstmeisjes en de
aria like Frits it expressed Against the servant girls and the

leveranciers, in het algemeen tegenover 'de mindere stand' had
suppliers in -the- general against the lesser rank had

ze altijd nog een hoog toontje aangeslagen. En als ze dan zo,
she always still a high little tone struck on And as she then so
(used)

wat Frits noemde 'de freule speelde', noemde haar
what Frits called the unmarried noblewoman played called her
(which)

vader haar lachend 'Oma Nievelt', want dan leek ze,
father her laughing Grandmother Nievelt because then looked like she
looked she like

beweerde hij, sprekend op zijn grootmoeder.
claimed he talking on his grandmother
(exactly) (like)

En hij maakte haar uit voor nuf en voor nest, maar eigenlijk
And he made her out for arrogant and for brat but actually

stond zijn oudste dochter hem nader dan zijn jongste. Anke was
stood his eldest daughter him closer than his youngest Anke was
(was)

naar haar vaders smaak te ernstig, te 'modern', te 'idealistisch'.
to her father's taste too serious too modern too idealistic

In zijn hart vond hij dat meisjes maar naar kostschool
In his heart found he that girls just to boarding school
(thought)

moesten gaan en leuke japonnetjes dragen -, maar hij liet van
must go and nice little dresses wear but he let of

75

die	voorkeur	en	die	gedachten	niets	blijken.	Toch	voelde
that	preference	and	those	thoughts	nothing	appear (show)	Still	felt

Anke	het	wel,	en	ze	wist	dat	ze	alleen	in	haar	moeder	een
Anke	it	surely	and	she	knew	that	she	alone	in	her	mother	an

bondgenoot	had.
ally	had

Tegen	haar	besluit	om	naar	de	Kweekschool	te	gaan	en	voor
Against	her	decision	for	to	the	Teacher-school	to	go	and	for

onderwijzeres	te	studeren	had	haar	vader	zich	niet	verzet.	Hij
teacher	to	study	had	her	father	himself	not	resisted	He

vond	dat	zelfs	een	heel	verstandig	besluit	voor	een	meisje,	dat
found	that (it)	even	a	very	sensible	decision	for	a	girl	that

zich	tot	academische	studie	maar	matig	aangetrokken	voelde
herself	to	academic	study	just	moderately	attracted	felt

en	toch	ook	niet	alleen	in	het	huishouden	kon	opgaan.
and	however	also	not	just	in	the	housekeeping	could	go up (loose herself)

Maar	Emmy	had	het	bespottelijk	gevonden	en	er	pas	een
But	Emmy	had	it	ridiculous	found (thought)	and	there	only	a

beetje	vrede	mee	gekregen	toen	ze	hoorde	dat	Jeanne	Sixma
little bit	(of) peace	with	gotten	when	she	heard	that	Jeanne	Sixma

en	Gientje	Aben	ook	naar	'de	Nor'	zouden	gaan,	al
and	Little Gien	Aben	also	to	the	Jail	would	go	although

begreep	ze	niet	waarom	ter	wereld	Gientje,	dat	schatrijke
understood	she	not	why	on the	world	Little Gien	that	treasure-rich (very wealthy)

kind, een diploma halen moest.
child a diploma get must
(had to)

Dat hoefde dan ook niet, had ze later gehoord, maar mevrouw
That needed then also not had she later heard but madam

Aben was er vóór alles op gesteld, Gientje zo lang
Aben was there before everything on set Little Gien so long
(as)

mogelijk bij zich te houden. En de vriendschap met Anke had
(as) possible by herself to keep And the friendship with Anke had

daar de doorslag gegeven. Bovendien, had Herbert gezegd,
there the though-strike given On top of that had Herbert said
(final push)

was het heel goed voor Zusje Gientje, ook eens met andere
was it very good for Little Sister Little Gien also once with other

meisjes in aanraking te komen -, en Herberts woord was wet,
girls in touch to come and Herbert's word was law

bij de Abens thuis.
with the Aben's at home

En nu waren moeder en Anke op dat dwaze idee gekomen om
And now were mother and Anke at that foolish idea come for

ze allemaal op bezoek te vragen, die hele klas, die 'Klas van
them all on (a) visit to ask that whole class that Class of

Twaalf', zoals de schapen zich noemden, om ze te
Twelve like the sheep themselves called for them to

trakteren op de kersen die oom Coen uit de
treat on the cherries that uncle Coen from the
(which)

Betuwe   had   gestuurd. Haar protesten hadden niets
Betuwe   had   send   Her   protests   had   nothing
(Dutch orchard region)

geholpen. Vader had haar afgescheept. Wat moeder doet is goed.
helped   Father had her   shipped off   What mother does is good
                                    (dismissed)

Jawel!
Yes indeed

En Frits had gelachen. Makkelijk lachen, Hij was een jongen, een
And Frits had laughed   Easy   laughing He was a   boy   a

student, hij trok er tussen uit. Nu nog woonde hij thuis,
student   he pulled there between out Now still   lived   he at home
                            went away

maar na zijn eerste examen, had vader beloofd, als hij had
but after his first   exam   had father promised if   he had

getoond dat het hem ernst was de studie, dat hij meer wilde
shown   that it   him serious was the study   that he   ore   wanted

dan studentje spelen, dan zou hij kamers krijgen in
than little student play   then would he rooms   get   in

Amsterdam. In afwachting daarvan bracht hij alvast
Amsterdam In expectation there-of   brought he in advance
                      (brought through; spent)

de meeste Zondagen buitenshuis, en profiterend van zijn
the most Sundays out of house and profiting of his

spoor-abonnement, dikwijls in de stad bij vrienden
rail-subscription often   in the city at   friends
                         (with)

door....
through
(brought through; spent)

Terwijl	Emmy	en	Frits	nog	over	zeilen	en	cricketten	spraken,
While	Emmy	and	Frits	still	about	sailing	and	cricket	spoke

waren	mevrouw	en	Anke	alvast	aan	het	afwassen	gegaan.	De
were	madam	and	Anke	already	-on-	-the-	dishwashing	gone	The

dokter	zat	alweer	met	zijn	boekje.
doctor	sat	again	with	his	little book

'Hoe	laat	verwacht	u	ze	eigenlijk,	'de	dames?'
How	late	expect	you	them	actually	the	ladies

De	moeder	negeerde	de	spottende	nadruk	op	de	laatste
The	mother	ignored	the	mocking	emphasis	on	the	last

woorden.
words

'Tegen		drie	uur,	was	het	plan.'
Against		three	hour(s)	was	the	plan

(At approximately)

'Maar	moeder,	wat	moet	u	dan	de	hele	middag	met	ze
But	mother	what	must	you	then	the	whole	afternoon	with	them

uitvoeren?'
execute

'O,	dat	vindt	zich	wel	vanzelf.'
Oh	that	finds	itself	indeed	by itself

'Zeg	Ank',	kwam	Frits	ineens.
Say	Ank	came	Frits	suddenly

'Hebben van de week je oren niet getuit? Herbert Aben heeft
Have from the week your ears not rang Herbert Aben has
Didn't your ears ring this week

je lof gezongen, nee maar, op een manier...! Je had zo'n
your praise sung no but on a manner You had such an
(in)

uitstekende invloed op Gien, ze was door jou zoveel
excellent influence on Gien she was though you so much
(because of)

eenvoudiger geworden.... Weet ik wat al....'
more simple become Know I what all
And whatever more (praise)

'Gien is nooit anders dan eenvoudig geweest. Maar omdat
Gien is never else than simple been But because
(has) (anything other)

ze zo mooi is en altijd zulke mooie jurken draagt en in
she so beautiful is and always such beautiful dresses wears and in

het "Huis met de Poppen" woont, en zo'n beetje onverschillig
the House with the Dolls lives and such a little bit indifferent

doet, daarom denken ze nu dat ze ook per se trots moet
does therefore think they now that she also per se proud must
(acts)

zijn.....'
be

Ze sprak vlug en een beetje verward. Die plotselinge lof van
She spoke quick and a little bit confused That sudden praise from

Herbert, die haar zo onverwacht werd overgebracht... de
Herbert that her so unexpectedly became brought over the
(relayed)

wetenschap dat Herbert notitie nam van haar, dat hij aan haar
knowledge that Herbert notice took of her that he on her
(of)

dacht, ze had het nooit kunnen denken. En Emmy blijkbaar
thought she had it never been able to think And Emmy apparently

evenmin, want op een beetje scherpe toon vroeg ze Frits:
neither because on a little bit sharp tone asked she Frits

'Herbert Aben, interesseert die zich voor Anke? Die is
Herbert Aben interests that (one) himself for Anke That (one) is
(he) (He)

toch al student, die is toch even oud als jij....'
however already student that (one) is indeed as old as you
(he)

'Zelfs nog drie maanden ouder!' lachte Frits. 'Maar wat zou
Even still three months older laughed Frits But what would
(mattered)

dat? Vader en moeder verschillen wel acht jaar, geloof ik.'
that Father and mother differ even eight year(s) believe I

'Hè Frits....'
Hey Frits

'Je hoeft zo'n kleur niet te krijgen!'
You need such a color not to get
You don't need to blush

Maar mevrouw maakte aan het gesprek een einde, door Anke
But madam made on the conversation an end by Anke
But madam ended the conversation

eraan te herinneren dat ze nog een kraag op haar jurk voor
there-on to remind that she still a collar on her dress for
(on it)

vanmiddag   moest   naaien. Ze   zou   dan   zelf   wel   alles   in
this afternoon   must   sew   She   would   then   herself   just   everything   in

het   buffet   bergen.   Anke   moest   maar   dadelijk   naar boven
the   food cupboard   put away   Anke   must   just   immediately   to   above
                                        (should)   upstairs

gaan.
go

'Op   uw   kamer   dan   maar,   mam?   Daar   is   het   nu   het   koelst.'
On   your   room   then   just   mom   There   is   it   now   the   most cool

'Dan   ga   ik   even   de   brieven   schrijven   aan   Edith   Marsh   en   aan
Then   go   I   a bit   the   letters   write   to   Edith   Marsh   and   to

Hedwig   Klüppell.'
Hedwig   Klupell

'Ja   hoor,   je   hebt   deftige   vriendinnen   en   je   correspondeert   in
Yes   hear   you   have   of rank   girlfriends   and   you   correspond   in

alle   talen!'   hoonde   Frits.
all   languages   mocked   Frits

Even   later   had   het   gezin   zich   weer   verdeeld   over   zijn
A bit   later   had   the   family   themselves   again   divided   about   his
                                                                      (their)

verschillende   verblijven   naar   zijn   verschillende   liefhebberijen.   Heel
different   residences   to   his   different   fancies   Very
                              (their)

stil   was   het   in   de   kamer   waar   Anke   naaide   en   mevrouw   Van
quiet   was   it   in   the   room   where   Anke   sewed   and   madam   Van

den   Burg   over   een   boek   gebogen   zat.   Een   zoet,   zachtzinnig
den   Burg   over   a   book   bent   sat   A   sweet   gentle

windje tilde de dunne gebloemde gordijnen telkens even
breeze lifted the thin flowered curtains each time a bit

in de hoogte, dan zonken ze weer neer, het leek het
in the height then sank they again down it seemed the
up

uitademen van een kind. Vogels sjirpten dromerig, bevangen van
breathing out of a child Birds chirped dreamily seized of
(by)

lome, zoete Zondag-middag-dommeligheid, geur van rozen en
languid sweet Sunday-afternoon-sleepiness smell of roses and

heliotroop steeg uit de bloeiende tuin omhoog en drong
heliotrope rose from the blooming garden up and penetrated

de kamer in.
the room into

Als gelokt door die geur legde Anke de jurk over een stoel,
As (if) lured through that smell laid Anke the dress over a chair
(by)

trad naar buiten, op het balkon, en keek naar beneden. Hoe
stepped -to- outside on the balcony and looked -to- down How

verlokkend fris stond daar op de grasstrook langs de lage,
alluring fresh stood there on the grass strip along the low

verweerde, met mos beplekte achtermuur, de witgedekte
weathered with moss spotted back wall the white covered

schragentafel, tussen twee hoge bonte esdoorns in, waarvan
trestles table between two high colorful maples -in- where-from
(temporary table)

de kronen, aaneengegroeid, een prieel schenen te vormen. Ze
the crowns grown together an arbor seemed to form They

hadden hem eerst op het grasperk midden in willen zetten, ze
had him first on the grass bed middle in want to set they
                                 (lawn)

zouden dan in een krans van rijkbloeiende, zoetgeurende
would then in a wreath of rich blooming sweet smelling

stamrozen hebben gezeten, maar het was daar op die plek te
stemroses have sit but it was there on that spot too
                 (been sitting)

zonnig.
sunny

Nu zouden ze wel dadelijk komen. Wat een aardige gedachte
Now would they surely soon come What a nice thought

van moeder, de hele klas op de kersen te vragen.
of mother the whole class on the cherries to ask

Hoe zou moeder ze allemaal vinden? Anke hechtte veel
How would mother them all find Anke attached much
      What would mother think of them

waarde aan het oordeel van haar moeder. En moeder had gelijk
value to the judgement of her mother And mother had right
                                          (was)

-, het was jammer dat ze tenslotte toch met Jeanne en Gien
it was a pity that she finally still with Jeanne and Gien

een apart clubje was blijven vormen.
a separate little club was remain form
       (little group)had formed

Voor ze het wist, was ze weer in de kamer terug en
Before she it knew was she again in the room back and

had opnieuw een jurk onderhanden en peinsde onderwijl over
had again a dress under-hands and pondered meanwhile about
was working on a dress again

mogelijkheden van andere, ruimere vriendschap.
(the) possibilities of other wider friendship

Leida Verkruysen.... had moeder geopperd. Moeder kende haar
Leida Verkruysen had mother suggested Mother knew her

niet, alleen maar zowat uit de verte.... moeder wist niet hoe
not only just somewhat from the distance mother knew not how
(a)

ze altijd zeurde over 'stand', moeder was er niet bij als ze
she always whined about rank mother was there not -with- if she

zich bij hen drieën aldoor zocht in te dringen.
herself with them three all-through sought in to press
(continually) (tried)

Ze kon soms wel eens geestig uit de hoek komen maar
She could sometimes surely once funny from the corner come but
be funny

ze gebruikte haar geestigheid nooit anders dan om anderen
she used her funniness never else than for others

belachelijk te maken -, Marie Mol om haar boerse spraak, Lien
ridiculous to make Marie Mol for her farmerish speech Lien

Doezer om haar bewondering voor haar nichtje, Lea Schaap om
Doezer for her admiration for her little cousin Lea Schaap for

haar inderdaad wel een beetje rare jurken en
her indeed surely a little bit weird dresses and

dan zorgde ze ervoor dat Jeanne het altijd hoorde, want bij
then cared she therefore that Jeanne it always heard because with
she made sure

Jeanne had ze met die dingen succes, Jeanne was ook maar al
Jeanne had she with those things success Jeanne was also just all

te graag geestig ten koste van anderen.
too eager funny at the cost of others

Maar Jeanne ontzag dan ook niemand en Jeanne had er geen
But Jeanne spared than also nobody and Jeanne had there no

verdere bedoelingen mee. Nee, met een kind als Leida Verkruysen
further intentions with No with a kid like Leida Verkruysen

zou ze nooit hebben willen omgaan.
would she never have want to go around

'We houden haar heus niet opzettelijk op een afstand.'
We keep her really not on purpose on a distance

'En de anderen?'
And the others

'Ja de anderen. De meisjes Doezer en Marie Mol gaan met de
Yes the others The girls Doezer and Marie Mol go with the

trein heen en weer, dus heel veel heb je daar niet aan. De
train to and back so very much have you there not on The
are they not of use

Doezertjes gaan heel misschien tegen de winter bij een tante in
little Doezers go very maybe against the winter at an aunt in

huis. En dan hebben we twee vriendinnen paren in de klas,
house And then have we two friend pairs in the class

dat zijn Lea en Lettie en de 'Grimmige Gezusters'.
those are Lea and Lettie and the Grimm Sisters

'Wie zijn dat, de "Grimmige Gezusters"?' lachte mevrouw.
Who are those the Grim Sisters laughed madam

'O, zo noemen we Nel van Zanten en Door Siegenbeek, en
Oh so call we Nel van Zanten and Door Siegenbeek and
(like that)

die twee hebben niemand anders nodig, die broeden
those two have nobody else necessary those hatch
need no one else (broeden uit; hatch)

al hun fantastische plannen met elkaar uit, die
all their fantastic plans with eachother -out- those
(broeden uit; hatch)

schrijven romans en drama's en voeren ze op....'
write novels and drama's and lead them up
carry them out

'Maar heten ze dan dàààrom de "Grimmige Gezusters"?'
But are called they then therefore the Grim Sisters
(because of that)

Anke lachte om haar moeders verbaasde toon.
Anke laughed about her mother's surprised tone

'Dat is een bedenksel van Anna Doezer, die brengt er
That is an invention of Anna Doezer that (one) brings there
(she) (adds)

altijd wat geleerds bij, ze bedoelt natuurlijk de "Gebroeders
always what learned to she means of course the Brothers
(something) (scholarly)

Grimm".'
Grimm

'Zo -, is die Anna Doezer zo'n pedantje?'
So is that Anna Doezer such a pedantic (girl)

Anke dacht even na voor ze antwoordde.
Anke thought a while after before she answered
　　　　 pondered for a while

'Nee mam, ik geloof eerlijk gezegd niet dat Anna pedant is, ze
No mom I believe honestly said not that Anna pedantic is she

is alleen, wat ze in de ouderwetse boeken zo grappig noemen:
is just what she in the oldfashioned books so funnily call

leergierig. En vreselijk eerlijk. Ze geeft je met alle liefde een
learn-eager And terribly honest She gives you with all love a

half uur van haar tijd om je een som uit te leggen, maar ze
half hour of her time for you a sum out to lay but she
　　　　　　　　　　　　　　　　　　　　 to explain

laat je hem niet overschrijven. En die Lien -, dat is zo
lets you him not write over And that Lien that is so
　　　　　　　　 (copy)

grappig, die doet haar best om net als Anna te zijn, en ze is
funny that does her best for just like Anna to be and she is
　　 (she)

heel anders, o totaal anders. Zie je, mam, dan voel je toch
totally different oh totally different See you mom then feel you though

wel het verschil tussen iemand die zich opdringt zoals
indeed the difference between someone who herself presses up like
　　　　　　　　　　　　　　　　　　　 (imposes)

Leida, en iemand die vreselijk veel behoefte aan vriendschap
Leida and someone that terribly much need to friendship
　　　　　　　 (who)

heeft.
has

Lien	Doezer	zou	het	liefst	met	de	hele	klas	dikke
Lien	Doezer	would	the	dearest (ideally)	with	the	whole	class	thick

vriendinnen	willen	zijn.	Ze	is	enig	kind,	en	ze	heeft	geen
(female) friends	want	to be	She	is	only	child	and	she	has	no

moeder,	ze	heeft	alleen	Anna,	haar	nichtje.	En	Anna	geeft
mother	she	has	only	Anna	her	cousin	And	Anna	gives (cares)

eigenlijk	om	niets	dan	om	studie.	Herbert	kent	óók
actually	for	nothing	than	for	study	Herbert	knows	also

zo	iemand	onder	zijn	vrienden....	hij	vertelde	het	mij	laatst....
so someone like that	somebody	under	his	friends	he	told	it	me	last (time)

hij	zei,	je	moet	je	ook	buiten	je	eigenlijke	werk
he	said	you	must	yourself	also	outside	your	actual	work

ontwikkelen,	dan	alleen	word	je	mens!'
develop	then	only	become	you	human

'Zelf	werkt	Herbert	toch	nogal	gestaag	door.'
Self	works	Herbert	however	quite	continually	on

'O	ja,	maar	hij	doet	er	nog	zoveel	bij.	En	hij	is	de	enige
Oh	yes	but	he	does	there	still	so much	to	And	he	is	the	only (one)

thuis	die	wat	invloed	heeft	op	Gien,	die	haar	nog	eens
at home	that (who)	what (some)	influence	has	on	Gien	that (who)	her	still	once

wakker	schudden	kan	uit	haar	eeuwige	onverschilligheid.	Ze	laat
awake	shake	can	from	her	eternal	indifference	She	lets

zich	maar	gaan,	ze	laat	maar	over	zich	beschikken;	iedereen
herself	just	go	she	lets	just	about	herself	dispose	everyone

die haar flink aanpakt, krijgt haar voor een poos mee. Maar bij
that her firm deals with gets her for a while along But at

haar thuis pakt eigenlijk niemand haar aan, behalve Herbert. En
her at home gets actually nobody her on except Herbert And
deals with her firmly

Herbert zou haar omgang met Jeanne heel verkeerd voor
Herbert would her going around with Jeanne very wrong for
(relations)

haar vinden.
her find
(judge)

'Houdt Herbert dan niet van Jeanne?'
Holds Herbert then not from Jeanne
Does Herbert then not like Jeanne

'Och.... houden.... hij vindt haar natuurlijk heel grappig en aardig
Oh hold he finds her of course very funny and nice
(like)

en zo... maar hij vindt haar ook wel een beetje koud en
and such but he finds her also well a little bit cold and

bekrompen. Ze beoordeelt iedereen naar "manieren," naar
narrow-minded She judges everyone at (their) manners to
(on) (on)

uiterlijke beschaving.... niet natuurlijk, zoals Leida Verkruysen, naar
outer civilization not of course like Leida Verkruysen on

"stand" of "geld" of zo.... en dan ziet ze altijd veel gauwer in
rank or money or such and then sees she always much sooner in

iemand het belachelijke dan het aardige, altijd dadelijk merkt
someone the ridiculous than the nice always immediately notices

ze het belachelijke in iemand op....'
she the ridiculous in someone -up-

Weer zaten ze even zwijgend, en Anke dacht: Heb ik ze
Again sat they for a bit keeping silent and Anke thought Have I them

nu allemaal opgenoemd? Wij drieën, Lea en Lettie, de
now all called up We three Lea and Lettie the

Doezertjes, Nel en Door, Marie Mol, Leida Verkruysen.... dat
little Doezers Nel and Door Marie Mol Leida Verkruysen that

maakt toch nog maar elf. En we zijn met twaalf.... wie is
makes however still just eleven And we are with twelve who is

de twaalfde dan toch?
the twelfth then though

En meteen rees voor haar oog het beeld van dat stille,
And immediately rose before her eye the image of that quiet

kleurloze, schamel-geklede kind -, het Schimmetje.
colorless poorly-dressed kid the Little Ghost

'Tine Maas is er ook nog, die vergeet ik eeuwig en altijd.'
Tine Maas is there also still that (one) forget I eternally and always

'Is ze zo onbeduidend?'
Is she so insignificant
(without importance)

'Dat zou ik niet durven zeggen. Maar
That would I not dare say But

ze doet nooit aan iets mee, en ze is nooit ergens bij,
she does never on something along and she is never somewhere with
she never joins anything

en   ze   komt   en   ze   gaat   en   je   ziet   haar   bijna   niet,   het
and   she   comes   and   she   goes   and   you   see   her   almost   not   the

Schimmetje.'
Little Ghost

'Vanmiddag   komt   ze   toch?'
This afternoon   comes   she   indeed

'Ja   ze   komen   allemaal.'
Yes   they   come   all

Ze   had   inmiddels   vlug   van   jurk   verwisseld   en   liep   naar   het
She   had   meanwhile   quickly   of   dress   changed   and   walked   to   the

balkon.
balcony

'Die   rozen,   mam!   Je   kunt   niet   diep   genoeg   ademen.   En   wat   is
Those   roses   mom   You   can   not   deep   enough   breathe   And   what   is

het   nu   stil   in   de   tuin.   Alle   vogels   doen   hun   middagslaap.'
it   now   quiet   in   the   garden   All   birds   do   their   afternoon-sleep
   (take)   (afternoon nap)

Plotseling   galmde   door   het   dommelende   huis   de   bel.
Suddenly   rang   through   the   sleepy   house   the   bell

'Zullen   we   naar   beneden   gaan?'
Shall   we   to   down   go

De Kersen En Het Schimmetje - Deel II

The Cherries and the Little Ghost - Part II

De	Kersen	En	Het	Schimmetje	-	Deel	II
The	Cherries	And	The	Little Ghost		Part	II

De brede schemerige marmerbevloerde gang was vervuld van de
The wide dusky marble-floored hallway was filled of the
(marble tiled) (with)

geur der zondoorstoofde rozen, het helle daglicht viel trillend
smell of the sun-stewed roses, the bright daylight fell trembling
(sun warmed)

binnen door de open buitendeur; daar wachtte Lize, stoer in
inside through the open outside door there waited Lize, cool in

haar lichtblauw katoentje, lachend naar buiten gebogen;
her light blue little cotton laughing to (the) outside bent

blijkbaar kwamen er nog anderen aan. 'Vijf vliegen in één klap.'
apparently came there still others -on- Five flies in one blow

Het waren Lea en Lettie, de nichtjes Doezer en Leida
It were Lea and Lettie, the cousins Doezer and Leida

Verkruysen, die er met haar gloeiend-glimmende konen, haar
Verkruysen, that there with her glowing-shining cheeks her
(who)

zwarte kraalogen en gladde zwarte haar boven de stijve, witte
black beady eyes and smooth black hair above the stiff white

jurk meer dan ooit uitzag als een pop uit een doos -,
dress more than ever looked like a doll from a box

waarvan ze alleen het gave en gladde miste, want
from which she only the wholeness and smoothness missed because

haar hele gezicht zat vol rode pukkeltjes.
her whole face sat full red pimples
was covered with

Door het achterpoortje kwamen nu Jeanne en Gien, die
Through the little back gate came now Jeanne and Gien those
(they)

kenden de weg, liepen het huis in en waren even later op
knew the way walked the house into and were a bit later on

het balkon, en riepen en lachten tegen Anke in de tuin.
the balcony and called and laughed to Anke in the garden

Benijdend om die intimiteit keek Leida naar boven. Zij waren -
Jealous for that intimacy looked Leida to above They were

bedacht ze spijtig - niet eerst in huis, maar dadelijk in
thought she regretful not first in (the) house but immediately in

de tuin ontvangen.
the garden received

Lokkend in de koelte stond de witgedekte tafel met het fleurig
Luring in the coolness stood the white covered table with the flowery

fruitservies, waartussen zon en schaduw geestige beweeglijke
fruit crockery where between sun and shadow funny moving

figuren sponnen. Goud en gebloemd praalden schalen en
figures wove Gold and flowery flaunted dishes and

bordjes, met kamperfoelieranken losjes erlangs gewonden.
little plates with honeysuckle-vines loosely along wound

Opgetogen liepen de meisjes om de tafel heen. Door
Excited walked the girls around the table -to- Door

Siegenbeek bewonderde kinderlijk de mooie bordjes, ze waren
Siegenbeek admired childish the beautiful little plates they were

allemaal verschillend, het ene met perziken, een ander met peren,
all different the one with peaches the other with pears

een derde met abrikozen beschilderd. 'Wat een prachtig
a third with apricots painted What a beautiful

fruitservies, mevrouw. Zo iets zou moeder ook
fruit crockery madam So something would mother also
Something like that

leuk vinden.' Het laatste was eigenlijk meer tot Nel gericht.
nice find The last was actually more at Nel directed
like

'We hebben ze thuis bijna precies zo,' vertelde Leida,
We have them at home almost exactly so told Leida
(like that)

'Alleen onze gouden randen zijn breder.'
Only our golden edges are wider

'Dat is dan prettig voor jullie.'
That is then nice for you

Anna Doezer, rug tegen de muur, schrift op de ene
Anna Doezer back against the wall notebook on the one

opgetrokken knie, hielp Marie gauw even op weg met een
pulled up knee helped Marie quick a bit on (the) way with a

moeilijke zinsontleding.
difficult sentence-destructuring

'Waar je je druk om maakt, op een zomerse Zondag!'
Where you yourself busy for make on a summer Sunday
Why worry about that

spotte Gientje. 'Geef haar het schrift mee naar huis.'
mocked little Gien Give her the notebook along to home

'Nee, want daar leert ze niets van.'
No because there learns she nothing of

Marie Mol zuchtte.
Marie Mol sighed

Gientje streek haar blonde krullen van haar blanke, gladde
Little Gien stroke her blond curls from her white smooth

voorhoofd af. Met dat blonde haar, een vlekkeloos perzikteint
forehead -off- With that blond hair a spotless peach-tan

en tintelende blauwe ogen was ze de mooiste uit de klas.
and glinting blue eyes was she the most beautiful out the class
(in)

Maar ze was er niet bijzonder ijdel om, ze gaf er zich
But she was there not especially vain about she gave there herself
(about it)

maar zelden rekenschap van. Ze vond eigenlijk het hele leven
but rarely account -of- She found actually the whole life

meestal een beetje vervelend en zeurig en saai....
most (of) all a little bit annoying and whiny and boring
(often)

'Ha, daar komen de kersen.'
Ha there come the cherries

Tussen zich in sjouwden Lize en Job de koetsier
Between themselves -in- carried with difficulty Lize and Job the coachman

de volle mand naderbij, snel werden de schalen gevuld,
the full basket closer-by quickly became the dishes filled

iedereen schikte aan tafel en het koele zoete sap verkwikte
everyone arranged at (the) table and the cool sweet sap refreshed

overvloedig de warme, aldoor babbelende monden.
plentiful the warm continually chattering mouths

Maar na een poos gingen al trager de handen naar
But after a while went more and more slower the hands to

de weer en nog eens weer opnieuw gevulde schalen, tot
the again and still once again anew filled dishes until

mevrouw voorstelde:
madam suggested

'Als we nu eens een pauze hielden, en een spelletje deden,
If we now once a pause held and a little game did

met een glaasje limonade voor de variatie?'
with a little glass lemonade for the variation

'Mogen we touwspringen?'
May we rope jump
(skiprope)

stelde Nel van Zanten vol geestdrift voor. Ze had er pas
set Nel van Zanten full (of) spirit before She had there recently
suggested Nel van Zanten enthusiastically

op gymnastiek een prijs mee behaald.
on gymnastic(s) a prize with achieved

Even weifelde mevrouw.
For a minute hesitated madam

'Is het niet gevaarlijk...?'
Is it not dangerous

Algemeen gelach.
General laughter

'Niet te warm?'
Not too warm
        (hot)

'Je rust altijd een tijdje tussen twee sprongen.'
You rest always a while between two jumps

Een lang touw werd te voorschijn gehaald en ze begonnen
A long rope became to presence retrieved and they began
                          was brought out

maar meteen met een hoogte van een halve meter. Lager was
just immediately with a height of a half meter Lower was

kinderspel.
child's play

'Voorzichtig, maar, meiskes.'
Careful just girlies

Ze keken op. Waar kwam die zware stem vandaan? De dokter
They looked up Where came that heavy voice from The doctor

was in de veranda gekomen en liep nu de trapjes af.
was in the veranda come and walked now the little stairs off

'Wat een paradijs is het hier!'
What a paradise is it here

'Even een glas limonade voor je klaar maken?' Samen met zijn
A bit a glass lemonade for you ready make Together with his
Shall I make you some lemonade

vrouw verdween hij weer de schemerige tuinkamer in.
wife disappeared he again the dusky garden room inside

En even later gebeurde het....
And a bit later happened it

Een paar maal al had Door vlak voor de voeten van Tine
A few times already had Door just before the feet of Tine

Maas, die niet durfde, het touw op het laatste ogenblik met een
Maas who not dared the rope on the last moment with a

ruk in de hoogte getrokken en beide keren was het goed
sudden pull in the height pulled and both times was it well

gegaan -, Tine was wel geschrokken, maar had toch de sprong
gone Tine was well scared but had still the jump

gewaagd en het was gelukt. Ze begon er zelfs plezier in te
dared and it was succeeded She began there even pleasure in to

krijgen -, een kleurtje verscheen op haar bleke wangen. Daar
get a little color appeared on her pale cheeks There

kwam ze weer aan en riep het nu zelf al: 'Hoger!'
came she again -on- and called it now (her)self already Higher

O -, was op dat ogenblik maar, dacht Anke naderhand, het
Oh was at that moment though thought Anke closer-hand the
(after it happened)

touw haar uit de vuist gesleurd, maar ze hield het
rope her from the fist dragged but she held it

juist zo akelig stevig, toen Door Siegenbeek het met een
on the contrary so ghastly firmly when Door Siegenbeek it with a

vaart in de hoogte rukte -, en Tine sprong, maar ze haakte
speed in the height hard pulled and Tine jumped but she hooked
(tripped)

en viel met een smak.... en bleef kreunend liggen, half over het
and fell with a whack and stayed moaning laying half over the

grintpad, maar haar gezicht en haar bovenlijf gelukkig in het
grit-path but her face and her upper body fortunately in the

koele gras.
cool grass

De meesten gilden luider dan het slachtoffer zelf, dat maar
The most yelled louder than the victim (her)self that just

stil lag en kreunde, de ogen gesloten, even probeerde
still lay and moaned the eyes closed for a minute tried

zich op te richten, maar met een gesmoorde pijnkreet weer
herself up to direct but with a smothered cry of pain again
to raise

terugzonk op de grond. Anke en Lien hadden even stijf van
sank back on the ground Anke and Lien had for a second stiff of

schrik gestaan, maar nu waren ze al bij Tine en bogen
fright stood but now were they already at Tine and bowed

zich over haar heen en overlegden hoe haar aan te vatten
themselves over her -ot- and discussed how her -on- to grab

om haar voorzichtig overeind te helpen.
for her carefully up to help

'Roep liever je vader,' adviseerde Anna praktisch.
Call rather your dad advised Anna practically

'Raak jullie me asjeblieft niet aan,' fluisterde
Hit you me please not on whispered
(Raak ... aan; Touch) (Raak ... aan; Touch)

Tine. 'Ik denk, dat ik iets gebroken heb.'
Tine I think that I something broken have

Nel van Zanten, Marie Mol en Eva Schaap waren inmiddels
Nel van Zanten Marie Mol and Eva Schaap were meanwhile

doende de huilende Door te troosten.
doing the crying Door to console

'Ze riep immers zelf "hoger",' ijverde Lea. 'Het is toch
She called after all (her)self higher zealously said Lea It is surely

niet alleen jouw schuld.'
not just your fault

'Jawel, het is wel mijn schuld; ik ben ermee begonnen. Ik
Yes-well it is indeed my fault I am there-with started I
(Yes it is) (have) (with it)

heb haar aan de gang gemaakt.'
have her on the move made

Maar daar was dokter Van den Burg gelukkig al.
But there was doctor Van den Burg fortunately already

'Allemaal uit de weg en allemaal mond houden,' commandeerde
Everyone out (of) the way and everyone mouth keep commanded
(closed)

hij en knielde bij Tine in het gras. Angstig, stil stonden ze
he and kneeled by Tine in the grass Fearful quiet stood they

om hem heen, en in die gespannen stilte begon plotseling in
around him -to- and in that tense silence began suddenly in

een hoge, zonvergulde populier een vogel luidkeels te zingen.
a high sun-gilded poplar a bird loud of throat to sing
(loud)

Even later rees de dokter overeind, rood van het bukken.
A minute later rose the doctor up red from the kneeling down

'Pols gebroken,' zei hij kortaf.
Wrist broken said he curtly

Hij hielp haar vlug op de been. Doodsbleek stond ze daar,
He helped her quickly on the leg Deathly-pale stood she there

met verfrommelde kleren, stoffige kousen, het voorhoofd bepareld
with crumpled clothes dusty stockings the forehead pearled

van zweet.
of sweat

'Je hebt je flink gehouden.'
You have yourself brave held

Haastig kwam mevrouw uit de veranda de tuin in.
Hastily came madam from the veranda the garden into

'Is het heel erg?'
Is it very bad

'Nee, nee, het valt nog wel mee. Toe meisjes, eten jullie nu
No no it falls still well along To girls eat you now
it's not that bad (Come on)

nog wat kersen voor de schrik, terwijl ik deze jongedame verder
still some cherries for the scare while I this young lady further

help.'
help

Maar de ware lust ontbrak, verslagen namen ze afscheid en
But the real want lacked beaten took they leave and
But they didn't feel like it anymore

slopen heen.
snuck away

Een kwartier later was de pols gezet en verbonden, de
A quarter of an hour later was the wrist set and bandaged the

vermoeide arm stevig in een doek gespeld. Een glas port had
tired arm firmly in a cloth pinned A glass port had

weer wat kleur gebracht op de bleke wangen.
again some color brought on the pale cheeks

"t Is nogal losgelopen en de ergste pijn heb je nu al
It is rather loose walked and the worst pain have you now already
(went ok)

achter de rug,' troostte de dokter. 'Ik zal onmiddellijk een
behind the back consoled the doctor I shall immediately a

bericht naar je eigen dokter sturen.'
message to your own doctor send

'En naar je huis, dat je hier rustig blijft eten,' voegde
And to your house that you here calmly stay to dine added

mevrouw erbij.
madam there-by
(to it)

Een uitdrukking van angst verscheen op het plotseling weer
An expression of fear appeared on the suddenly again

verbleekte gezicht.
paled face

'O nee, mevrouw, maar dat kan onmogelijk. Dank u wel.
Oh no madam but that can impossibly Thank you well
that's not possible (very much)

Ik moet naar huis, nu dadelijk zelfs. Ik ben al veel te
I must to home now immediately even I am already much too
I must go home

laat. Moeder zal niet weten waar ik blijf.'
late Mother shall not know where I stay

Geen verdere overreding baatte en Anke was verbaasd over
No further convincing had success and Anke was surprised about

de standvastigheid, waarmee 'Schimmetje'
the steadfastness where-with Little ghost
(with which)

op haar stuk bleef staan. Ze wilde zelfs niet, dat er een
on her piece remained standing She wanted even not that there a
insisted

rijtuig zou komen en aanvaardde niet dan na een
carriage would come and accepted not then after a

zenuwachtig verzet Anke's geleide.
nervous resistance Anke's escort

Op straat begon ze dadelijk zo gejaagd te stappen, dat
On (the) street began she immediately so hunted to step that
(pressed fast) (walk)

Anke haar herhaaldelijk moest afremmen.
Anke her repeatedly had to brake off
(slow down)

'Vader heeft gezegd, dat we langzaam moesten lopen.' En bij
Father has said that we slow must walk And by
(had to)

zichzelf dacht Anke: 'Wat heeft ze toch? Ze zal warempel niet
herself thought Anke What has she though She shall surely not

bang zijn voor een standje, als ze te laat komt met een
afraid be for a rebuke if she too late comes with a

gebroken pols? Dan zouden die ouders wel beulen moeten
broken wrist Then would those parents indeed henchmen must
(have to)

zijn.'
be

Voorbij de sluis sloegen ze al gauw een zijweg in, en
Past the sluice struck they already soon a side way in and
(turned)

daarna een stille, zonnige zijstraat, die nog maar kort geleden
there-after a quiet sunny side street that still just short ago
(after that)

tussen de weilanden en tuinderijen was aangelegd en
between the meadows and garden-works was laid on and
(plantations) (constructed)

waarvan nog maar enkele huizen waren voltooid. De rest stond
where-from still just a few houses were finished The rest stood
(from which)

er als gebroken en vergeten speelgoed in de zondagmiddagzon.
there as broken and forgotten toys in the sunday-middag-sun

Tine was nu niet meer te houden, Anke
Tine was now not (any)more to hold (back), Anke

hield haar met de grootste moeite bij. Ze liepen door een
held her with the greatest difficulty by. They walked through a
kept up with her with the greatest difficulty

gebroken, verveloos houten hekje een tuintje in, dat wel
broken paint-less wooden little fence a little garden in, that indeed

een miniatuur-zandwoestijn leek, een zandwoestijn zonder oase....
a miniature-sand-desert seemed a sand-desert without oasis

'Hier zijn we er.... en dank je wel hoor, dank je wel voor
Here are we there and thank you well hear, thank you indeed for
for sure

het thuisbrengen.'
the bringing home

Het klonk zó gejaagd, zó dringend, alsof ze Anke weg wilde
It sounded so hunted so pressing as if she Anke away wanted
(pressed)

hebben. Maar Anke bleef. Als die ouders werkelijk zulke
to have But Anke stayed If those parents really such

ellendelingen waren, dan zou zij.... maar nee,
miserable people were then would she but no

dat kon immers niet! Tine was overspannen, in de war, door
that could however not Tine was over-strained in the mess through
that was surely not possible confused (because of)

de schrik, door de pijn. En wat zag ze bleek en wat
the scare through the pain And what looked she pale and what
(because of) (how) (how)

transpireerde ze vreselijk! Ze hadden toch moeten doorzetten
perspired she terribly They had however must through put
should have insisted

en een rijtuig nemen....
and a carriage take

'Je moet maar niet te veel bij ons rondkijken,' zei Tine
You must just not too much with us look around said Tine

ineens hees, de hand aan de schel. 'Moeder is.... moeder is
suddenly hoarse the hand at the bell Mother is mother is

vaak moe.... moeder is eigenlijk meer.... een kunstenares.... het
often tired mother is actually more an artist the

huishouden doe ik... maar ik kan niet altijd....'
housekeeping do I but I can not always

Ze brak plotseling af, haar mond bleef half open, haar ogen
She broke suddenly off her mouth remained half open her eyes

tuurden in angstig luisteren....
peered in fearful listening

De scheefhangende, groezelig-grauwe gordijnen bewogen hevig
The crooked hanging dingy gray curtains moved intensely
(violently)

heen en weer, een jongen stampte en schreeuwde, een
to and back a boy stamped and yelled a

vrouwestem krijste er dreigend tegenin:
woman's voice shrieked there threatening in against

'Naar de kelder, zeg ik je! Naar de kelder.... dadelijk naar
To the basement say I you To the basement immediately to

de kelder....'
the basement

Meubels bonsden en bonkten, er viel iets rinkelend aan
Furniture pounded and bonked there fell something jingling to

scherven en eer ze het wist had Tine met een wanhopige
shards and before she it knew had Tine with a desperate

ruk aan de bel getrokken. Plotseling viel nu de stilte en
hard pull on the bell pulled Suddenly fell now the silence and

even later werd in een vaart de deur achteruit
a bit later became in a quick movement the door backwards

wagenwijd opengerukt en een grote, stevige vrouw met rossige
cart-wide open pulled and a large firm woman with reddish
(wide open)

piekharen en boze ogen in een opgewonden gezicht stond op
pointy hairs and angry eyes in an excited face stood on

de drempel.
the threshold

'Zo, ben je daar eindelijk! 't Werd tijd.' Dan ineens zag ze
So are you there finally It became time Then suddenly saw she

Anke staan.
Anke stand

'En u, komt u voor mijnheer? Komt u voor pianoles?'
And you come you for mylord Come you for piano lesson(s)
(my husband)

'Nee mevouw, ik breng Tine even thuis.'
No madam I bring Tine for a minute home

De uitdrukking op het verhitte gezicht werd plotseling wat
The expression on the heated face became suddenly (some)what

vriendelijker, ze keek Anke opmerkzaam aan, en streek zich
more friendly she looked Anke observantly at and stroke herself

werktuigelijk de haren van het voorhoofd.
mechanically the hairs from the forehead
(hair)

'Tine heeft bij ons haar pols gebroken.'
Tine has with us her wrist broken

'Wat vertelt u dààr?'
What tell you there

Haastig ging ze de meisjes voor, het duffe, benauwde gangetje
Hastily went she the girls ahead the musty stuffy little hallway

door, de woonkamer in, waar het brandend-heet was en
through the living room in where it burning-hot was and

bedompt in schel, kwellend middaglicht. Een jongen van een
airless in shrill tormenting afternoon-light A boy from a

jaar of zes staarde met grote, in tranen zwemmende bruine ogen
year of six stared with large in tears swimming brown eyes

zijn zusje en het vreemde meisje aan. Zijn kiel zat
his little sister and the strange girl at His smock sat
(was)

scheefgesjord, zijn kousen hingen in krinkels tot op zijn enkels
skewed dragged his stockings hung in rolls to up his ankles

neer. Hij wees naar de verbonden arm.
down He pointed at the bandaged arm

'Wat heb jij?'
What have you

Zijn stem klonk schor van het huilen.
His voice sounded hoarse from the crying

De moeder was in een stoel bij het raam gaan zitten.
The mother was in a chair at the window go sit
        (had)   gone sitting

'En vertel me nu asjeblieft eens eindelijk, wat er met je
And tell me now please -once- finally what there with you

gebeurd is.'
happened is
     (has)

Het klonk of Tine een misdaad had begaan. Maar ze hoorde
It sounded (as) if Tine a crime had done But she heard

het niet, ze had het broertje naar zich toe gehaald, trok
it not she had the little brother to herself -to- taken pulled

met haar vrije hand zijn kiel recht, zijn kousen omhoog.
with her free hand his smock straight his stockings up

'Laat die jongen nu asjeblieft maar gaan. Je hoeft me heus die
Let that boy now please just go You need me really that

bengel niet nog meer te bederven.'
rascal not even more to spoil

'Tine heeft haar pols gebroken, mevrouw. Bij ons in de tuin
Tine has her wrist broken madam With us in the garden

is het gebeurd. Maar vader zegt....'
is it happened But father says
(has)

'Wie ben je dan eigenlijk?'
Who are you then actually

'Anke van den Burg, mevrouw. Dokter Van den Burg is mijn
Anke van den Burg madam Dokter Van den Burg is my

vader. Vader heeft de pols al gezet en verbonden.... en
father Father has the wrist already set and bandaged and

vader zou uw eigen dokter dadelijk bericht sturen....'
father would your own doctor immediately (a) notice send

'Dat ontbrak er nog maar aan!' Ze liet zich achterover in
That lacked there still just on She let herself backwards in
That was still missing (ironically)

haar stoel vallen en sloeg de ogen naar de zoldering. 'Juist
her chair fall and struck the eyes to the ceiling Just

terwijl ik mezelf al dagenlang zo miserabel en geradbraakt
while I myself already days-long so miserable and wheel-broken
(for days) (spent)

voel. Hoe lang kan zo iets duren?'
feel How long can so something take
something like that

'Zou dat haar eigen moeder zijn...?' ging het door Anke heen,
Would that her own mother be went it through Anke -to-

en iets van die gedachte moest op haar gezicht
and something of that thought must on her face

te lezen staan, want plotseling wendde de vrouw zich naar
to read stand because suddenly turned the woman herself to
be readable

Tine, die bleek van pijn en schaamte op haar stoel zat, de
Tine who pale from pain and shame on her chair sat the

ogen half dicht tegen het meedogenloos op de naakte, stoffige
eyes half closed against the merciless on the naked dusty

ramen blikkerend licht.
windows flickering light

'Heb je veel pijn gehad?'
Have you much pain had

'Och nee, ma, het ging nogal. En het is mijn linker arm. Met
Oh no mom it went quite (ok) And it is my left arm With

mijn rechter kan ik toch altijd nog van alles doen. En
my right (one) can I though always still of everything do And
                                            anything

over een paar weken is het weer helemaal in orde. Heus....'
over a few weeks is it again totally in order Really
(in)

Ze zwegen even. Vliegen zwermden in zó grote
They kept silent for a moment Flies swarmed in such (a) large

menigte, dat hun gonzen haast leek op bijengezoem, over het
crowd that their humming almost looked like bees' buzzing over the
                                    (sounded)

bemorste, slordige theeblad heen, azend op suikerkorrels, op
spilled on messy tea tray about baited on (the) sugar grains on
                                        (by)   (by)

zoete plasjes. Meedogenloos drong de zon door de stoffige
sweet puddles Merciless pressed the sun through the dusty
                        penetrated the sun

ramen de kamer in en legde alles, wat daar kaal en
windows the room inside and laid everything what there bald and

armoedig en verwaarloosd was, open en bloot te kijk. Van
poor and neglected was open and bare to look (at) From
(laid) everything bare to see

boven kwam piano-klank, eentonige dreunen, door
up(stairs) came piano-sound monotonous bangs by

moeizaam-nadrukkelijke voetstappen begeleid en gesteund.
tiresome-emphatic foot steps accompanied and supported

Telkens bleef de spelende leerling horten en dan mompelde
Each time remained the playing pupil jolt and then muttered

een doffe stem vermaningen. O, dacht Anke, dat is natuurlijk
a dull voice admonishments Oh thought Anke that is of course

haar vader, die les zit te geven....
her father that lesson sit to give
who's giving lessons

'Een hele schrik, voor u allemaal,' begon de moeder weer te
A whole scare for you all began the mother again to
(big)

praten.
talk

'Och ja, mevrouw.... Het eerste ogenblik....'
Oh yes madam The first moment

Weer zag Anke ineens haar gezicht opklaren, net als daareven bij
Again saw Anke at once her face clear up just like just then by
(brighten)

de deur, weer die onderzoekende blik op zich gericht.
the door again that researching look at herself directed

'U bent blijkbaar een jongedame van goede huize,' begon ze
You are apparently a young lady of good house began she

dan op gemaakt deftige, enigszins afgemeten toon. 'U ziet het
then at made ladylike somewhat curt tone You see the
(artificial)

wezen door de schijn. Een burgerkind zou juffrouw tegen
being through the appearance A common child would miss to
(facade)

mij zeggen.' Ze bekeek eerst zichzelf, haar afgetrapte pantoffels,
me say She looked at first herself her worn out slippers

haar stoffige, gevlekte zwarte rok met gapend split, wierp dan
her dusty mottled black skirt with gaping split cast then

een blik om zich heen en zei op theatrale toon: 'In zó'n
a glance about herself -to- and said at theatric tone In such an

milieu...!'
environment

Ze zuchtte diep en Anke wist niet wat ze zeggen moest; naar
She sighed deep and Anke knew not what she say must at

Tine durfde ze zelfs niet te kijken.
Tine dared she even not to look

'Dat is een zegen in ons lieve Nederland,' praatte de moeder
That is a blessing in our dear Netherlands talked the mother

weer verder op dezelfde hoogdravende toon. 'In Frankrijk is elke
again further on the same grandiloquent tone In France is every

getrouwde vrouw "madame", en in Engeland....' Ze zocht
married woman Madame and in England She searched

even, maar scheen het Engelse woord niet te kunnen
for a moment but seemed the English word not to be able

vinden. 'Nu ja, enfin.... in Engeland wordt ook niet dat idiote
to find Now yes finally in England becomes also not that idiot
(whatever) (is)

verschil gemaakt.... Ik ben zelf van heel goede, zelfs tamelijk
difference made I am myself from very good even rather

oude familie.... mijn ouders hebben in mijn jeugd heel andere
old family my parents have in my youth totally other

plannen met mij gehad, héél andere illusies.... ik heb Frans
plans with me had very different illusions I have French

geleerd.... ik voor mij wilde liefst een artistieke carrière
learned I for me wanted dearest an artistic carreer
(most rather)

volgen.... maar ja...! Het leven loopt niet altijd zoals men zich
follow but yes The life walks not always like one itself
(goes)

dat droomt....' En opnieuw zuchtte ze.
that dreams And again sighed she
(it)

De kleine jongen was weer helemaal bedaard, hij boog zich
The little boy was again totally calmed down he bowed himself

naar zijn zuster over en fluisterde haar iets in het oor.
to his sister over and whispered her something in the ear

Tine lachte even en ging meteen wat verzitten, om de
Tine laughed a bit and went immediately what sit somewhere else for the
(a bit)

verbonden arm tegen zijn liefkozingen te vrijwaren. 'Wat sta jij
bandaged arm against his affections to safeguard What stand you

daar	nu	te	fluisteren	en	te	flikvlooien?'		viel		dan
there	now	to	whisper	and	to	fidget		fell		then

(fell out; angrily spoke up)

ineens	weer	de	moeder		uit.		'Jij	hoort	in	de
at once	again	the	mother		out		You	belong	in	the

(fell out; angrily spoke up)

kelder.	Spektakel	maken	als	pa	boven	zit	les	te
basement	Racket	make	when	dad	up(stairs)	sits	lesson(s)	to
	Making a racket					(is sitting)		

geven.	Ik	zal	je	leren.'
give	I	shall	you	teach

'Hoe	oud	is	je	broertje?'	vroeg	Anke.	Ze	had	zo'n	medelijden
How	old	is	your	little brother	asked	Anke	She	had	such a	pity

met	Tine!
with	Tine

'Zes	jaar.'
Six	year(s)

'Zeg	maar	gerust:	bijna	zeven!	Oud	en	wijs	genoeg	om	te	weten
Say	but	at ease	almost	seven	Old	and	wise	enough	for	to	know
		(simply)									

hoe	hij	zich	gedragen	moet.'
how	he	himself	behave	must

'Vooral	met	zo'n	moeder,'	dacht	Anke.	En	weer	was	het	alsof
Especially	with	such a	mother	thought	Anke	And	again	was	it	as if

die	zwijgende	kritiek	te	lezen	stond	op	haar	gezicht,	want
that	silent	critic	to	read	stood	on	her	face	because
			was readable						

opnieuw keerde de moeder zich naar Tine. 'En hoe is het nu
again turned the mother herself to Tine And how is it now

eigenlijk precies gekomen?'
actually exactly come (to pass)

Het klonk zo snauwerig, alsof Tine, inplaats van haar eigen pols,
It sounded so snappy as if Tine instead of her own wrist

een kostbare vaas had gebroken. Ze wilde antwoord geven, maar
a valuable vase had broken She wanted answer to give but
to answer

haar lippen trilden. Anke zag ineens, dat ze op het punt stond
her lips trembled Anke saw suddenly that she on the point stood

in tranen uit te barsten en haastte zich voor haar te
in tears out to burst and hurried herself for her to

antwoorden. Ze deed zo goed mogelijk het relaas en legde
answer She did so good (as) possible the story and laid

vooral veel nadruk op Door Siegenbeek's verdriet.
especially much emphasis on Door Siegenbeek's grief

Ze vertelde, dat Door met alle geweld Tine zelf had willen
She told that Door with all violence Tine herself had want
(really very much)

thuisbrengen, maar dat haar, Anke's, vader dat had verboden. 'Het
to bring home but that her Anke's father that had forbidden It

zouden de lamme en de blinde zijn geweest,' lachte ze even.
would the lame and the blind be been laughed she briefly
(have)

'Door was zelf zo van streek! Door Siegenbeek.... U kent haar
Door was self so from - Door Siegenbeek You know her
upset

117

misschien wel?' 'Nee,' klonk het stroef. 'Ik weet niets van
maybe indeed No sounded it rigidly I know nothing of

die kinders.'
those kids

En ineens begreep Anke héél veel. Ze begreep, dat de
And suddenly understood Anke very much She understood that the

school hier in huis een twistpunt was, dat de moeder veel
school here in house a point of conflict was that the mother much

liever Tine thuis had gehouden, om dan zelf de hele dag op
rather Tine at home had kept for then self the whole day on

de canapé te liggen zuchten over haar mislukte 'artistieke
the couch to lie sigh over her failed artistical

carrière' en over de domheid der mensen, die haar niet
carreer and about the stupidity of the people who her not

'mevrouw' wilden noemen.
madam wanted to call

Zou 'Schimmetje' zelf een willetje hebben, of hielp haar vader
Would Little Ghost herself a little will have or helped her father

haar misschien? De piano zweeg. En even later bewees een
her maybe The piano was silent And a minute later proved a

stommelen op de trap, dat leerling en meester naar beneden
stumbling on the stairs that pupil and teacher to down
                                                      downstairs

kwamen.
came

Door de smalle gang gingen de mannestem en de
Through the small hallway went the male voice and the

kinderstem om de beurt pratend naar de voordeur toe,
child's voice around the turn talking to the front door -to-
in turn

bleven daar nog even, toen viel de deur dicht en kwam de
remained there still briefly then fell the door close and came the

vader binnen. Een klein, mager, kaal, deftig en zorgelijk
father inside A little thin bald stylish and worried

heertje met vriendelijke ogen, de ogen van de kleine
little gentleman with friendly eyes the eyes of the little

jongen, maar doffer, als uitgeblust.
boy but more dull as (if) extinguished

'Zo, zo meisje, de kersenpartij afgelopen?
So so girl the cherry party over

Nogal naar de zin gehad? En heb je nu eens een
Quite to the lust had And have you now once a
Did you enjoy yourself rather well

vriendinnetje meegebracht?'
little girlfriend brought along

Zijn ogen vlogen door de kamer, en hun uitdrukking werd
His eyes flew through the room and their expression became

verdrietig. Altijd die ellendige rommel! En nu juist met zo'n
sad Always that miserable mess And now just with such a

wildvreemd meisje.
wild-strange girl
(unfamiliar)

'Pa.... Tine heeft haar pols gebroken!'
Dad Tine has her wrist broken

'Wat vertel je me daar nu, jongen?'
What tell you me there now boy

In één stap was hij bij zijn dochtertje.
In one step was he at his little daughter

'Mijn arme diertje, hoe is dat gekomen?'
My poor little animal how is that come (to pass)
(has)

'Bij ons in de tuin,' nam Anke weer het woord. 'Maar vader
With us in the garden took Anke again the word But father

zegt - dokter Van den Burg is mijn vader, ziet u - vader zegt,
says doctor Van den Burg is my father see you father says

dat het gelukkig nogal goed is afgelopen. Vader zou dadelijk
that it fortunately quite well is finished Father would immediately

bericht aan dokter Sanders sturen....' 'Mijn arme diertje....'
notice to doctor Sanders send My poor little animal

herhaalde de vader, maar hij toonde onderwijl met vriendelijke
repeated the father but he showed meanwhile with friendly

knikjes tegen Anke, dat hij evengoed naar haar luisterde. 'En
little nods to Anke that he as well to her listened And

heb je veel pijn gehad?'
have you much pain had

'Och nee, pa.... het ging nogal....'
Oh no dad it went rather (ok)

'Ja man, zo'n buitenkansje hadden we precies nog nodig!'
Yes man such a outside-little chance had we exactly still necessary
we just needed a little windfall like that (ironical)

En weer zuchtte de moeder, diep, met theatraal opgeslagen
And again sighed the mother deep with dramatic upstruck
(directed upwards)

ogen.
eyes

Anke stond op.
Anke stood up

'Ik moet nu naar huis. Ik zal het op school wel zeggen. Tine.'
I must now to home I shall it at school -well- say Tine
I have to go home now

'Ja.... zeg, dat het niets is... zeg, dat ik gauw terug kom.... over
Yes say that it nothing is say that I soon back come over
(in)

een paar dagen misschien al.... als dokter het goed vindt.... het
a few days maybe already if doctor it good finds it
(ok) (thinks)

is toch maar mijn linkerarm.... En toe, alsjeblieft, zorg jij
is indeed just my left arm And to please take care you
(please)

dan, dat ik hier mijn huiswerk krijg, wil je?'
then that I here my homework get will you

Ze leek nu ineens een beetje koortsig, haar wangen en haar
She seemed now at once a bit feverish her cheeks and her

lippen gloeiden, en Anke las een groot verlangen in haar
lips glowed and Anke read a big desire in her

vreemd glanzende ogen. Ze begreep ook de nadruk op 'jij'. 'Jij
strange shining eyes She understood also the emphasis on you You

hebt nu toch alles hier gezien....' dat bedoelde ze. En het
have now anyway everything here seen that meant she And the

verlangen was naar de school. De school, waar ze zo stil, als
longing was to the school The school where she so quiet as

'een schimmetje', haar eigen weggetje ging, aan niets meedeed,
a little ghost her own little way went -to- nothing joined

en die toch zoveel voor haar beduidde.
and that however so much for her meant

Haar hele toekomst! Haar enige kans, hier uit dit milieu
Her whole future Her only chance here from this environment

te komen, en de anderen te helpen. Het leek al vrij laat,
to come and the others to help It seemed already quite late
(get out)

toen Anke weer buiten kwam; een frisse wind was opgestoken,
when Anke again outside came a fresh wind was stuck up

die hitte en stof verjoeg, overal wapperde het glanzend
that heat and dust chased away everywhere quickly waved the shining
(which)

groen, overal geurden vlier en rozen, en ineens
green everywhere smelled elder(berry flowers) and roses and suddenly

voelde Anke de lust langs het water naar huis te gaan.
felt Anke the desire along the water to house to go

Als vloeibaar goud, wemelend en glijdend over allerdonkerst
As fluid gold wriggling and gliding over most dark

blauw, lag daar de brede stroom in de dalende middagzon. De
blue lay there the wide stream in the descending afternoon sun The

wind blies de grote, blanke zeilen vol van de koersende,
wind blew the great white sails full of the directing

zwenkende, laverende zeilschepen, die zich voor de komende
swerving navigating sailboats that themselves for the coming

wedstrijd aan het oefenen waren. Roeibootjes schoten er
match -on- -the- practice were Little rowing boats shot there

tussendoor, lieten een glinsterend, rulgulden spoor achter.
between through let a glistening rough golden trail behind

Geboeid bleef Anke aan de oever staan kijken. Ze dacht
Shackled remained Anke on the shore stand watch She thought
(Fascinated)

aan Tine. Arm 'Schimmetje'. En hoe vreemd, tot gisteren, tot
on Tine Poor Little Ghost And how strange until yesterday until
(about)

vanmorgen, tot voor een uur was dat hele bestaan een
this morning until before an hour was that whole existence a
(had)

gesloten boek voor haar geweest, terwijl ze elkaar toch
closed book for her been while they eachother however

dagelijks zagen, een gesloten boek, dat nu plotseling, door een
daily saw a closed book that now suddenly through a

toeval, voor haar opengeslagen was.... Daar wuifde een bruine
coincidence for her struck open was There waved a brown
(opened)

hand, aan een blanke arm, uit een opgestroopte witte mouw,
hand on a white arm from an rolled up white sleeve

haar over het blauwe water toe. Langzaam, statig gleed op
her over the blue water at Slowly majestically glided on

enige meters afstand de grote zeilboot voorbij.
some meters distance the great sailboat past

Herbert! En ze wuifde terug en hij wuifde nog eens weer, tot
Herbert And she waved back and he waved still once again until

een zwenking van de boot hem aan haar blik onttrok. En
a turn of the boat him to her glance pulled away And
(from)

ineens moest ze denken aan wat Frits straks aan tafel
suddenly must she think to what Frits just now at (the) table

over Herbert had verteld. Ze zou eens met Herbert over Tine
about Herbert had told She would once with Herbert about Tine

spreken! Misschien wist hij wel raad, misschien konden ze
speak Maybe knew he well advise maybe could they

samen wat voor haar bedenken, wie weet, wat fleur en
together what for her think of who knows what flower and
(something) (flair)

kleur in dat grauwe leventje brengen. Allerlei voornemens
color in that gray little life to bring All kinds of intentions

schoten haar door het hoofd. Ze zou in elk geval zelf zich
shot her through the head She would in each case self herself

met 'Schimmetje' blijven bemoeien.
with Little Ghost remain involve

In De Knoei
In Trouble

In De Knoei
In The Spill
In Trouble

Het was nu eindelijk spaak gelopen met Nel van Zanten. Vanaf
It was now finally spoke walked with Nel van Zanten From
gone awry

het begin af hadden ze het allemaal voorspeld. Sommigen
the beginning -off- had they it all predicted Some

hadden het gevreesd, en één had het heimelijk gehoopt! Maar
had it feared and one had it secretly hoped But

ze durfde voor die hoop niet uit komen, want Nel was 'getapt'
she dared for that hope not out to come because Nel was tapped
to stand openly popular

in de klas, bijna iedereen mocht haar graag.
in the class almost everyone liked her much

Alleen Leida Verkruysen was haar verklaarde vijandin, omdat ze
Only Leida Verkruysen was her declared enemy because she

voelde, dat Nel haar doorzag in haar kleine, dwaze
felt that Nel her saw through in her little silly

eerzuchtjes van 'stand' en 'deftigheid', omdat Nel achteloos
honor-desire-lets of rank and gentility because Nel heedlessly
little ambitions

verwierp, waar zij zo naar hunkerde: de vriendschap met Anke,
rejected where she so to yearned the friendship with Anke

Jeanne en Gien.
Jeanne and Gien

Om een gewoon wandelafspraakje met Door had Nel voor
For a simple little stroll date with Door had Nel for
(Because of)

een uitnodiging in het Huis-met-de-Poppen, waar zij, Leida, niet
an invitation in the House-with-the-Dolls where she Leida not

eens was gevraagd, doodkalm bedankt!
even was asked dead-calm thanked
(had been) (simply) (said no)

Nee, Leida kon Nel niet uitstaan en daarom hoopte ze zo
No Leida could Nel not out-stand and therefore hoped she so
(stand)

vurig, dat het spaak zou lopen. Anna Doezer hoopte dat
fiery that it spoke would walk Anna Doezer hoped that
that it would go wrong

natuurlijk niet, maar ze keurde evengoed Nel's handelwijze af.
of course not but she approved even-well Nel's dealing-manner off
she disapproved at the same time Nel's way of doing things

Je mocht je toch maar niet zo maar aan een les, aan
You are allowed yourself still just not so just to a lesson to
You're not allowed to just (from) (from)

een deel van je taak onttrekken.
a part of your task withdraw

Maar Nel had het van de eerste dag af al gezegd:
But Nel had it from the first day off already said

ze deed het niet. Ze wilde nog liever rupsen eten en
she did it not She wanted still rather caterpillars eat and
she would not do it

spinnen slikken dan zoompjes rollen en tenen mazen. Ze
spiders swallow than little hems roll and toes mesh She
darn socks and pantyhoses

schreef nog liever drie keer de hele 'Overwintering'
wrote still rather three times the entire Spending the winter
(on Nova Zembla)

over dan één keer de 'Theorie van de Kous.'
over than one time the Theory of the Stocking
(schreef over; copied)

En Door, die op de hele lagere school en zelfs op de
And Door who on the whole lower school and even on the

bewaarschool met haar in de klas had gezeten en altijd haar
kindergarten with her in the class had sat and always her

beste vriendin was geweest, Door had verteld, dat ze het daar
best girlfriend was been Door had told that she it there
(had)

ook al had vertikt. Tonelen hadden ze beleefd!
also already had refused point-blank Scenes had they lived through

Ze bewaarden daar hun handwerkboeltje in lege sigarenkistjes,
They guarded there their needlework stuff in empty little cigar boxes

die kreeg je van school, een eigen doos of mand, dat
which received you from school an own box or basket that

mocht op de 'volksschool' nu eenmaal niet en een keer, op
was allowed on the people school now once not and one time on
simply not

127

een visite bij hen thuis, had Nel tegen Door's vader gezegd:
a visit at them at home had Nel to Door's father said

'Hè toe, mijnheer, neemt u dat sigarenkistje een beetje weg,
Hey please sir take you that little cigar box a little away

want als ik het ruik, is mijn hele plezier bedorven.'
because if I it smell is my whole fun spoiled

Ze overdreef natuurlijk vreselijk, ze keerde haar hoofd om als
She exaggerated of course terribly she turned her head around as

ze langs een sigarenwinkel ging, en ze zei: als grootvader
she along a cigar shop went and she said if grandfather

rookte, liep ik het huis uit!
smoked walked I the house out

Omdat 'nuttige handwerken' eigenlijk geen examenvak was en
Because useful handicraft actually not (an) exam course was and

ze er toch nooit een acte voor zou kunnen
she there anyway never a teacher's certification for would be able

halen, had ze haar grootvader net zo lang geprest, tot hij naar
to get had she her grandfather just so long pressed until he to

de directeur - de norse examinator met de waterige groen-grijze
the director the surly examinator with the watery green-gray

ogen! - was gegaan om vrijstelling voor haar te vragen, ze
eyes was gone for free-setting for her to ask she
(had) (exemption)

wilde dan die uren graag aan iets anders besteden,
wanted then those hours very much to something else spend

maar de directeur had de oude heer zo vreselijk afgeblaft,
but the director had the old gentleman so terribly barked off
(barked to)

dat hij helemaal ontdaan was thuisgekomen.
that he totally upset was home-come

En   sindsdien
And   since then

voerde Nel voor 'nuttige handwerken' geen klap meer uit, en
carried Nel for useful handicrafts no blow (any)more out and
didn't Nel do anything anymore for useful handicrafts

was het niet geweest om juffrouw Bloemhof, dan zou het al
was it not been for miss Bloemhof then would it already
(had)

veel eerder misgelopen zijn, maar met juffrouw Bloemhof had Nel
much earlier gone wrong been but with miss Bloemhof had Nel

geweldig geboft. Ze volgde in de waardering der meisjes
immensely fluked She followed in the appreciation of the girls

onmiddellijk op mijnheer Adelink, de plant- en dierkunde
immediately on sir Adelink the plant and animal-knowledge

leraar.
teacher

Ze was een gezellig oud mensje en ze presenteerde soms
She was a sociable old little human and she offered sometimes
(homey) (little woman)

pepermuntjes onder de les! Je mocht ook gerust wat
peppermints under the lesson You were allowed also assuredly some
(during)

129

met elkaar praten. Zelf vertelde ze graag van haar eigen
with eachother talk Self told she eagerly of her own

jeugd. Haar vader was officier en een heel streng man geweest,
youth Her father was officer and a very severe man been
                           (had)

die met alle geweld had gewild, dat ze heel veel leren zou,
who with all violence had wanted that she very much learn would
         (force)

vooral rekenen, wat ze juist helemaal niet kon.
especially math which she precisely totally not could
                           (was able to)

Handwerken alleen had ze altijd prettig gevonden, ze had ook
Handicrafts only had she always nice found she had also
                         liked

de acte voor 'fraaie handwerken', ze kende 'frivolité' en
a certification for fine handicrafts she knew frivolity and
                           (handicraft type)

'filigrain' en wie lust had, mocht het voor niets bij
filigree and who lust had was allowed it for nothing with
(handicraft type)

haar leren. Maar onder dat dwingen van haar vader had ze als
her to learn But under that forcing of her dad had she as

meisje zó geleden, dat ze zich toen al had
girl so (much) suffered that she herself then already had

voorgenomen, nooit een ander tot iets te dwingen, waar hij
intended never an other to something to force where he

een tegenzin in had.
a reluctance in had

Ze kon best begrijpen, dat Nel net zo hard het land had aan
She could best understand that Nel just so hard the land had to
(well) hated

handwerken, als zij zelf vroeger aan rekenen, en toen ze
handicrafts as she herself earlier to math and when she
(in former times)

hoorde, dat Nel eigenlijk romanschrijfster wilde worden, toen
heard that Nel actually novel writer wanted to become then

kon Nel geen kwaad meer bij haar doen. Ze dweepte met
could Nel no harm (any)more with her do She gushed with
(about)

romans en gedichten en vooral met drama's, en ze had Nel
novels and poems and especially with drama's and she had Nel

een keer bij zich thuis laten komen, om over haar plannen
one time by herself at home let come for about her plans

als toekomstig schrijfster met haar te praten. En ze had haar
as future writer with her to talk And she had her

'voldoende' gegeven op haar rapport!
adequate given on her report

Helaas, dat goede leventje had maar kort geduurd. Door had
Alas that good little life had just shortly lasted Door had

van meet af gezegd: 'Nel, dit is te mooi om waar te zijn.'
from measure off said Nel this is too beautiful for true to be
the beginning

En het bleek inderdaad te mooi.
And it turned out indeed too beautiful

Kort na de zomervakantie was juffrouw Bloemhof ziek
Shortly after the summer holiday was miss Bloemhof sick
(had)

geworden, het liet zich eerst nog niet ernstig aanzien, maar
became it let itself (at) first yet not serious look but

werd gaandeweg erger, op één les volgden er soms
became going-road worse on one lesson followed there sometimes
(more and more)

twee, drie verzuimen, tot op een goede dag haar getrouwde
two three missed ones until on a good day her married
(certain)

zusters haar kwamen halen met een rijtuig, nadat ze onder
sisters her came get with a carriage after that she under

tranen afscheid had genomen van de school, van de klas, van
tears parting had taken from the school from the class from

Nel in het bijzonder. Ze verweet zich nu ineens haar
Nel in the special She blamed herself now suddenly her
especially

toegevendheid tegenover Nel, die ze aldus 'weerloos overleverde
leniency towards Nel who she thus defenseless handed over

aan haar opvolgster,' maar Nel lachte de zorgen van het
to her successor but Nel laughed the worries of the

oude mensje weg.
old little human away
little old woman

Ze kende juffrouw Wind dan ook nog niet en juffrouw Bloemhof
She knew miss Wind then also still not and miss Bloemhof

kende haar maar al te goed. Ze was veel jonger dan
knew her however all too well She was much younger than

juffrouw Bloemhof, een lange bonenstaak van een mens, met een
miss Bloemhof a long beanstalk of a human with a

streng, koud gezicht, die altijd over straat, en door de
severe cold face who always on (the) street and through the

school, en zelfs voor de klas, als ze niet zat, heen en
school and even in front of the class if she not sat to and
(was sitting)

weer rende alsof ze op de hielen werd gezeten. Ze had
back ran as if she on the heels was sat She had
as if she was chased

scherpe, lichtblauwe ogen, - net glasscherven, vond Nel van
sharp light blue eyes just (like) glass shards found Nel van
(thought)

Zanten.
Zanten

Natuurlijk was toen alles uitgekomen, want iedereen moest op
Of course was then all come out because everyone must on
everything then came to light

de eerste les haar 'werkstukken' - juffrouw Wind had het
the first lesson her work-pieces miss Wind had it
(their) (assignments) talked

altijd heel deftig over 'werkstukken'! - aan haar tonen en Nel
always very pompously about work-pieces to her show and Nel
(assignments)

had niets. Haar kous....
had nothing Her stocking

'O juffrouw, die fungeert allang als kruikezak!'
Oh miss that functions already as pitcher-bag
(hot water bottle bag)

'En je merklap...?'
And your marking-cloth
(embroidery sample)

'Mijn merklap...? Ja, mijn merklap.... O ja, ik weet het
My embroidery sample Yes my embroidery sample Oh yes I know it

al, die hebben mijn buurjongetjes geroofd om
already that one have my little neighbor-kids robbed to

stekeltjes te vangen.'
little sticklebacks to catch

'En je naailap...?'
And your sewing cloth

'Mijn naailap.... o, die bestaat nog wel, maar net als een
My sewing cloth oh that one exists still -well- but just like a

regenwurm.... ziet u....'
rain-worm see you
(earthworm)

'Als een.... regenwurm?!'
As a rain-worm
(earthworm)

'Ja, juffrouw! Ik heb hem in stukjes geknipt en elk deel leeft
Yes miss I have him in little pieces cut and each part lives
(it)

nu zijn eigen leven. Dat doen regenwurmen toch ook? Ik heb
now its own life That do earthworms indeed also I have

er onder andere een inktlap van, hij zuigt zo lekker op. Ook
there under other an ink cloth of he sucks so nicely up Also
among other things (it)

bloed! En ik snij me nogal eens in mijn vinger, want ik ben
blood And I cut myself quite once in my finger because I am
(often)

erg onhandig.'
very clumsy

Sommigen hadden het onder dat gesprek haast op haar
Some had it under that conversation almost on her
(during) (their)

zenuwen gekregen van het lachen, vooral natuurlijk Door
nerves gotten from the laughing especially of course Door

Siegenbeek en Lien Doezer, maar ook Anke en Jeanne
Siegenbeek and Lien Doezer but also Anke and Jeanne

hadden zich niet goed kunnen houden.
had themselves not good be able to hold
could not restrain (their laughing)

Zelfs Gien was helemaal losgekomen en Anna Doezer was het
Even Gien was totally come loose and Anna Doezer was it

met de beste wil niet gelukt streng te kijken. Juffrouw Wind
with the best will not succeeded severe to look Miss Wind

had over haar hele gezicht een kleur als een baksteen gekregen,
had over her whole face a color as a brick gotten

waardoor haar ogen nog blauwer schenen. 'Bepaald
where-through her eyes even more blue seemed Certainly
(so)

spookachtig,' zei Nel later, en toen ze weer geluid kon geven
ghostly said Nel later and when she again sound could give
could make a sound

had ze gevraagd:
had she asked

'En vond juffrouw Bloemhof dat maar allemaal goed?' Toen had
And found miss Bloemhof that just all good Then had
And juffrouw Bloemhof just approved of all that

135

Nel	gevoeld,	dat	ze	eigenlijk	te	ver	was	gegaan,	in	haar
Nel	felt	that	she	actually	too	far	was (had)	gone	in	her

overmoed,	tegenover	juffrouw	Bloemhof,	en	ze	had	maar	zo'n
over-boldness	against	miss	Bloemhof	and	she	had	just	so a

beetje	haar	schouders	opgehaald.
little bit	her	shoulders	lifted up (shrugged)

Maar	Door	Siegenbeek	was	ineens	overeind	in	de	bank	gaan
But	Door	Siegenbeek	was	suddenly	straight up	in	the	bench	go

staan	en	had	het	woord	genomen	en	was	aan	het	uitweiden
stand	and	had	the	word	taken	and	was	to	the	out-meadow (long explaining)

geslagen	over	Nels	prachtige	opstellen	en	dat	ze	later	drama's
struck (started)	about	Nels	wonderful	essays	and	that	she	later	drama's

zou	schrijven,	waarin	zij,	Door,	dan	de	hoofdrol	te	spelen
would	write	where-in	she	Door	then	the	main part	to	play

zou	krijgen,	terwijl	de	hele	school	natuurlijk	gratis	naar	de
would	get	while	the	whole	school	of course	free	to	the

schouwburg	zou	gaan,	en	dat	ze	dat	allemaal	lang	en	breed
theater	would	go	and	that	she	that	all	long	and	broad / very extensively

met	juffrouw	Bloemhof	hadden	besproken	en	dat	juffrouw
with	miss	Bloemhof	had	spoken about	and	that	miss

Bloemhof	zich	heel	erg	voor	Nel	en	haar	toekomst
Bloemhof	herself	very	much	for	Nel	and	her	future

interesseerde.
interested

En zo ratelde ze maar aan één stuk door, zodat juffrouw Wind
and so rattled she just on one piece on so that miss Wind
(in)

er een tijdlang geen speld tussen kon krijgen, maar toen de
there a time-long no pin between could get but when the
(long while) not could say a word

een na de ander weer begon te proesten en Nel, die als
one after the other again began to snicker and Nel who as

boetvaardige zondares voor de klas stond, ineens
repentant sinner-ess before the class stood suddenly
(sinner)

in de lach schoot, omdat Door zo krankzinnig deed, sloeg ze
in the laugh shot because Door so crazy did hit she
burst out laughing

ineens zó woest met een liniaal op tafel, dat het ding aan
suddenly so mad with a ruler on (the) table that the thing to

stukken vloog, waarvan er één op een haartje Lien Doezer
pieces flew where-of there one on a hair Lien Doezer
(of which) almost

raakte en ze riep:
hit and she called out

'Stilte,' met een stem als van een dragonder, en Door had het
Silence with a voice as of a dragoon and Door had the

nare gevoel, dat ze het er niet bepaald beter op had
nasty feeling that she it -there- not specifically better -on- had
(very)

gemaakt voor haar vriendin.
made for her girlfriend

Dadelijk na schooltijd was juffrouw Wind naar de directeur
Immediately after schooltime was miss Wind to the director

gegaan en de volgende dag werd Nels grootvader weer
gone and the next day became Nel's granddad again

ontboden. Nel moest veel strenger worden aangepakt, en die
summoned Nel must much stronger become handled and that

malle nonsens van drama's schrijven moest 'met wortel en tak'
silly nonsense of drama's writing must with root and branch
totally

worden uitgeroeid. Grootvader had maar niet veel antwoord
become eradicated Granddad had just not much answer

gegeven, maar 's avonds hadden hij en grootmoeder met Nel
given but of the evening had he and grandmother with Nel
(in the)

over de zaak gesproken, en de 'aandoenlijke oudjes' waren
about the case spoken and the touching little old folks were

aandoenlijker dan ooit geweest, maar van haar onoverwinnelijke
more touching than ever been but of her invincible

afkeer tegen zoompjes rollen en ruitjes inzetten hadden ze
disgust against little hems roll and lozenges to put in had they
putting in

toch eigenlijk minder dan Bloemhofje begrepen, die nog wel
still actually less than little Bloemhof understood who yet even

zelf les in handwerken gaf!
herself lesson in handicraft gave

Sindsdien had Nel voor de vorm maar zo'n beetje meegedaan
Since then had Nel for the form just so a little bit joined in
         just for formality's sake

in de klas. Omdat de hele school zo vreselijk
in the class. Because the whole school so terribly

achter was geraakt door al het verzuimen in juffrouw
behind was hit through all the non-attendances in miss
  had gotten behind (because of)

Bloemhofs ziekte, kregen ze nu grote taken mee naar huis. Op
Bloemhof's illness got they now large tasks along to home On
                                         (In)

de les werd dan alles maar even aangegeven, thuis
the lesson became then everything just -just- indicated at home

moest het worden afgewerkt.
must it become off-worked
         (finished)

Nel ademde weer ruimer. Dat was een onverwachte uitkomst!
Nel breathed again spacier That was an unexpected outcome
        (easier)   (godsend)

Was haar 'werkstuk' eenmaal thuis, dan keek ze er niet
Was her work-piece once home then looked she there not
  Once her assignment was at home

meer naar om, maar slingerde het vol afgrijzen in de een
(any)more at -about- but flung it full (of) disgust in -the- one

of andere verborgen hoek. De 'aandoenlijke oudjes' merkten
or other hidden corner The touching little old folk noticed

daarvan niets; juffrouw Bloemhof had nooit werk mee naar
there-from nothing miss Bloemhof had never work along to

huis gegeven. Ze had de rapportcijfers ook maar zo'n beetje
home given She had the report grades also just so a little bit

'op de tast' vastgesteld.
on the touch determined
by guessing

En zo leek dan alles nogal mee te vallen. Door
And so seemed then everything quite along to fall Door
be less bad than it seemed

Siegenbeek had al een paar keer gezegd: 'Ook deze soep
Siegenbeek had already a few times said Also this soup

wordt niet zo heet gegeten als dezelve is opgedaan!' Wel
becomes not so hot eaten as the same is served Well
(is)

herinnerde Wind zo nu en dan aan de plicht om de
reminded Wind so now and then to the duty for the

'werkstukken' thuis behoorlijk te voltooien, en vroeg zo in 't
assignments at home adequately to finish and asked so in the

algemeen of dat ook wel gebeurde, maar ze scheen met
general if that also indeed happened but she seemed with

min-of-meer vage antwoorden genoegen te nemen.
less-or-more vague answers pleasure to take
(more or less)

En zo kwakkelde de winter voorbij - het 'Wind-Bewind' was in
And so ailed the winter past the Wind-Rule was in

het late najaar begonnen - en het voorjaar naderde en
the late autumn started and the spring approached and

daarmee de eerste verhoging en ze waren al begonnen
there-with the first raise and they were already started
(going up a class) (had)

mijnheer	Adelink	zo	nu	en	dan	eens	in	verhoor	te	nemen
mr	Adelink	so	now	and	then	once	in	interrogation	to	take

over	de	kansen,	of	de	'Klas	van	Twaalf',	zoals	ze
about	the	chances	whether	the	Class	of	Twelve	so-as	she (like)

reilde	en	zeilde	tweede	klas	worden	zou,	en	hoeveel
- went about things	and	sailed	second	class	become	would	and	how many

'kleintjes'	van	veertien	er	dit	jaar	toelatingsexamen
little ones (new students)	of	fourteen (years old)	there	this	year	admission-exam

zouden	doen	en	hoeveel	van	de	groten	uit	de	vierde
would	do	and	how many	of	the	large ones	from	the	fourth (class)

er	mochten	'opgaan'	voor	het	diploma,	en	wie	er	nog	een
there	might	go up (try)	for	the	diploma	and	who	there	still	a

jaartje	moesten	blijven	blokken,	en	ze	dachten	eigenlijk	aan
little year	must	remain	block (study)	and	they	thought	actually	to

de	hele	handwerkboel	al	niet	meer,	toen	juffrouw	Wind
the	whole	handicraft-stuff	already	not	(any)more	when	miss	Wind

op	een	goede	morgen	aankondigde:
on	a	good (certain)	morning	announced

'Volgende	les	moet	jullie	alles	meebrengen,	wat	er	in
Next	lesson	must	you	everything	bring along	what	there	in

het	afgelopen	jaar	is	gemaakt.	Ik	roep	julle	dan	een	voor
the	last	year	is (has been)	made	I	call	you	then	one	for (by)

een hier bij mijn tafeltje, geef voor elk werkstuk een cijfer en
one here at my little table give for each assignment a mark and

stel dan daaruit het rapportcijfer vast. Ik heb er met de
put then from there the report mark fixed I have there with the
determine from those the report grade

directeur over gesproken. Handwerken telt dit jaar gelijk met
director about spoken Handicrafting counts this year equally with

aardrijkskunde en geschiedenis!'
geography and history

Ze zweeg even en voegde er honend achter: 'Ik
She remained quiet for a while and added there mocking after I

denk wel, dat mijn cijfers een beetje anders dan die van
think well/(surely) that my marks a bit different than those of

juffrouw Bloemhof zullen uitvallen. Juffrouw Bloemhof heeft hier
miss Bloemhof will fall out Miss Bloemhof has here
(turn out to be)

op school maar met negens en achten gestrooid als Sinterklaas
at school just with nines and eights scattered like Saint Nicholas
(grades marked 1 to 10)

met pepernoten, maar wie bij mij een zeven krijgt, moet
with peppernuts but who with me a seven gets must
(tiny gingerbread cookies)

al een hele kraan zijn!' En ze keek de klas eens rond
already a whole crane be And she looked the class -once- round
pretty good

en even rustte haar glasscherfachtig oog op Anna Doezer.
and for a moment rested her glass-shard-like eye on Anna Doezer

Die had bij juffrouw Bloemhof een negen gehad! Maar Anna
That one had with miss Bloemhof a nine had But Anna

kreeg een kleur, ze hield eigenlijk niet van juffrouw Wind.
got a color she held actually not of miss Wind
blushed

Al die tijd dat ze daar stond te oreren
All that time that she there stood to orate
(rant)

had Door naar Nel zitten omkijken en geprobeerd haar ogen te
had Door to Nel sit look around and tried her eyes to
had Door been looking back at Nel

vangen. Maar Nel zat als een stenen beeld. Haar 'werkstukken'
catch But Nel sat as a stone statue Her assignments

waren natuurlijk naar de maan.
were of course to the moon
destroyed

Wie had ook zo iets kunnen denken? Bij juffrouw
Who had also such something be able to think With miss
Who could have imagined

Bloemhof was het geweest: eens thuis, blijft thuis. Ze had
Bloemhof was it been once at home stays at home She had
(had)

nooit een 'werkstuk' terug hoeven zien. Dat getuigden alle hogere
never an assignment back need to see That attested all higher
needed checked

klassen.
classes

'We moeten krijgsraad houden,' zei Door Siegenbeek die middag
We must war-council hold said Door Siegenbeek that afternoon

143

tot haar vriendin. 'Laat het maar aan mij over. Ik zal de
to her female friend Leave it just to me -over- I shall the

vergadering beleggen.'
meeting belay
(plan)

De meisjes die heen en weer reisden, uit deze klas dus de
The girls who to and back travelled from this class also the

nichtjes Doezer en Marie Mol, gingen altijd tussen de
cousins Doezer and Marie Mol went always between -the-

schooltijden in de wachtkamer een boterham eten en het was
school times in the waiting room a sandwich eat and it was
(lessons)

al jaren lang de gewoonte dat de vriendinnen haar dan
already years long the habit that the girlfriends her then
for years

kwamen gezelschap houden. Dikke juffrouw Waagmeester, die het
came company keep Fat miss Waagmeester who the

buffet bediende, vond dat goed en zelfs wel gezellig, ook niet
buffet served found that ok and even indeed sociable also not

helemaal onvoordelig, want ze 'gebruikten' wel eens
entirely unadvantageous because they used indeed once
(bought) (now and then)

wat, en zo was dan de derde-klaswachtkamer sinds
something and so was then the third-class-waiting-room since

jaar en dag de vergaderzaal voor de meisjes van de 'Nor,' waar
year and day the meeting room for the girls of the Jail where
quite some time

elk der vier klassen haar eigen terrein had.
each of the four classes her own area had
(their)

Ze aten er krentenbolletjes uit papieren zakjes en steevast
They ate there raisin-buns from paper little bags and always

mikte elk, die de controle passeerde, haar tot
targetted each who the checkpoint passed her to
(their)

propje verfrommeld zakje tegen de mopneus
little piece of crumpled paper -crumpled- little bag against the pug nose

van Sattelmeyer, de piepjonge controleur met zijn onschuldige,
of Sattelmeyer the squeaky young inspector with his innocent
(very young)

lachende blauwe ogen, die alles goed vond, alles van
laughing blue eyes who everything ok found everything of
(believed)

de meisjes verdroeg en door juffrouw Waagmeester met allemaal
the girls endured and by miss Waagmeester with all

tegelijk werd 'geplaagd', hoewel het scheen, dat hij 'verkering
together became teased although it seemed that he dating

had'. De groten uit de derde en de vierde, die al
had The large ones from the third and the fourth who already
(was)

'kwekeling' waren en opgestoken haar droegen, deden aan die
pupil teacher were and stuck up hair carried did to those
(put up) (joined)

dartelheden van propjes-gooien natuurlijk niet
playfulnesses of little crumpled paper balls-throwing of course not

145

meer   mee.
(any)more -along-

Door   Siegenbeek   had het klaargespeeld: ze   waren   allemaal
Door   Siegenbeek   had it   ready-played   they   were   all
                                 had done it   (had)

gekomen. Ze   had namelijk 'bovennatuurlijke   onthullingen' beloofd.
come   She had namely   above-natural   revelations   promised
                              (paranormal)

Als een   prinsesje,   dat verdwaald is in een   achterbuurt,   zo
As   a   little princess that lost is in a   back-neighborhood so
                                                       (ghetto)

keek   Gien de   derde-klasse wachtkamer rond, onschuldig-verbaasd,
looked Gien the third-class   waiting-room round   innocent-surprised

maar Leida spreidde met   ophef   haar boekenzeil over de houten
but   Leida spread   with upheaval her   book-cloth over the wooden
                             (much ado)

bank, eer   ze   zitten ging, en   trok   een vies   gezicht. Ze
bank   before   she to sit went   and pulled a   dirty   face   She
                                                      (disgusted)

was   meegekomen,   omdat   Door,   behalve   de   'bovennatuurlijke
was   come along   because Door   except for the   paranormal

onthullingen', ook nog   had aangekondigd, dat er   niet alleen
revelations   also still had announced   that there not   only

iets   zou   worden gevraagd, maar dat   er   ook   iets
something would be   asked   but   that there also something

zou   worden aangeboden!
would be   offered

'Jullie begrijpen natuurlijk,' begon Door Siegenbeek, 'dat Nel moet
You understand of course began Door Siegenbeek that Nel must

worden geholpen. Ze zal ongetwijfeld eenmaal de roem worden
be helped She shall undoubtedly one time the fame become
(one day)

van onze school. Ik spreek hier ook voor mijzelf. Wordt haar
of our school I speak here also for myself Becomes her
(Is)

talent in de kiem gesmoord, dan gaat ook mijn kans op roem
talent in the bud smothered then goes also my chance on fame
killed at birth

daarmee te gronde! Want zoals jullie weet, zal ik de
there-with to ground Because like you know shall I the
lost

hoofdrollen vervullen in de drama's, die zij gaat schrijven. En
main parts fulfill in the drama's that she goes write And

jullie hebben allen gratis toegang -, eventueel met mannen en
you have all free admission if need be also with husbands and

kinderen. Luister nu....,' haar stem daalde tot gefluister, '....luister
children Listen now her voice descended to whispering listen

nu goed. Nu komen de bovennatuurlijke onthullingen. Hoe
now well Now come the paranormal revelations How

heet ze?'
is called she

Ze keek een voor een de gezichten langs.
She looked one by one the faces along

'Wie?'
Who

'Wie bedoel je?'
Who   mean   you

'Juffrouw Wind?'
Miss   Wind

'Nee, ik bedoel Nel. Hoe   heet   ze?'
No   I   mean   Nel How is called she

'Nel!' 'Nel van Zanten!'
Nel   Nel   van   Zanten

'Juist!   Van Zanten met een Z. Haar naam begint met een Z.
Precisely Van Zanten with   a   Z   Her   name   starts with   a   Z

En de Z is de laatste letter van het alfabet. Op die Z baseert
And the Z is the   last   letter   of   the alphabet On that Z   bases

zich mijn plan. Die Z is géén   toeval.   Ze   zou   net zo goed
itself   my   plan That Z is   no   coincidence She would just as well

Van Santen hebben kunnen   heten.   Met een S. Zo   iets
Van Santen   have   been able to be called With   an   S. Such something

noem ik: een   beschikking!   Je   moet dat   eens   aan   je
call   I   an   (heavenly) ordination You   must   that one time   to   your
                                                                        (should)

vriend vertellen, Tine.'
friend   tell   Tine

Tine   lachte.   Haar 'vriend' was   een   stokoude,   alleen levende
Tine   laughed   Her   friend   was   a   stick-old   alone   living
                                                         (ancient)

zonderling,   die   een avontuurlijk leven achter de rug had en
strange fellow who   an   adventurous   life   behind the back had and

onlangs in een der nieuwe huisjes tegenover het hunne was
recently in one of the new little houses opposite -the- theirs was
(had)

komen wonen. Hij leek wat mensenschuw, maar maakte
come to live He seemed (some)what human-shy but made
(shy)

met haar wel eens een praatje. Ze noemden hem in het
with her well once a little talk They called him in the
now and then

stadje 'Anti-Toeval', omdat hij bij elke gelegenheid getuigde,
little city Anti-Coincidence because he with every opportunity asserted

dat hij niet in het toeval, enkel in 'beschikkingen' geloofde.
that he not in the coincidence only in ordinations believed
(fate)

Maar de mens moet van de 'beschikking' weten te profiteren.
But the human must of the ordination know to profit

En de verdienste daarvan komt mij toe!' Ze zweeg even,
And the merit there-of comes me to She kept silent for a moment
(of it) deserve I

om aller nieuwsgierigheid te prikkelen, en vervolgde dan:
for everybody's curiosity to stimulate and continued then

'Juffrouw Wind heeft een absentielijst. Een alfabetische absentielijst.
Miss Wind has an absence list An alphabetical absence list

Volgens die lijst zal ze ons één voor één bij haar tafeltje
According to that list shall she us one by one to her little table

roepen, om onze werkstukken te inspecteren.
call for our assignments to inspect

Gien Aben komt eerst, maar Gien heeft niets te vrezen, haar
Gien Aben comes first but Gien has nothing to fear her

"werkstukken" zijn natuurlijk in orde. Ze is net als de spinnen,
assignments are of course in order She is just like the spiders

ook die handwerken voor hun plezier. Niet aldus Nel! Nel
also these handicraft for their pleasure Not according to Nel Nel
(do handicrafts)

heeft alles te vrezen. En nu heb ik dit gedacht. Elk,
has everything to fear And now have I this thought Each

die aan de beurt is geweest, smokkelt haar
who on the turn is been smuggles her
whose turn it has been

onder het naar de plaats gaan het een of ander reeds gekeurde
under the to the place go the one or other already inspected
while going back to their desk

"werkstuk" toe -, de ingebreide hiel, de
assignment to the knitted in heel the
(smokkelt toe; secretly gives her)

ingemaasde teen, de ingenaaide ruit, de borstrok, de rolzoom,
meshed in toe the sewed in lozenge the breast skirt the roll hem

het poppenjongenshemd, het poppenmeisjeshemd....
the doll-boy-shirt the doll-girl-shirt

Maar laten we dat alsjeblieft vooraf goed afspreken, opdat ze
But let we that please in advance well off-speak so that she
(us) (coordinate)

niet met een dubbel stel van het ene en verstoken van het
not with a double pair of the one and lacking of the

andere voor de rechterstoel verschijnt.... Ik herzeg: verschijnt....'
other before the judge's chair appears I say again appears

'Hé zeg,' riep er een van de tweede klas uit de andere
Hey say called there one from the second class from the other
(grade)

hoek van de wachtkamer, 'ben jij je alvast aan het
corner of the waiting room are you yourself already -on- -the-

oefenen voor het toneel?'
practicing for the stage

'Ga liever zitten, Door!' raadde Lea Schaap aan. 'En praat niet zo
Go rather sit Door advised Lea Schaap -on- And talked not so

hard. Het moet toch een geheim blijven.'
hard It must still a secret remain
(loud)

'Je hebt gelijk.'
You have right
(are)

Door ging zitten en legde het plan nog eens uit op gewone
Door went to sit and laid the plan still once out on normal

toon. Ze keken elkaar aan en voorlopig werd er
voice They looked eachother at and for now became there
(was)

gezwegen.
kept silent

'Zeg nu alsjeblieft niet dat het "bedrog" is,' riep dan Door
Say now please not that it cheating is called then Door

ineens geprikkeld. 'Want dat weet ik natuurlijk zelf ook wel.
suddenly irritated Because that know I of course myself also well

Maar Nel moet geholpen worden. De baas is in staat haar van
But Nel must   helped   be   The boss is in state her from
might even

school te gooien, voor een poos tenminste, en dat mag ze de
school to throw for a while at least and that may she the

aandoenlijke oudjes bij haar thuis niet aandoen. Ze belooft
touching little old folks at her home not on-do She promises
(hurt with)

trouwens beterschap. Is het niet waar, Nel?'
by the way improvement Is it not true Nel

'Dat nu niet precies,' lachte Nel. 'Maar dit vraag ik natuurlijk
That now not exactly laughed Nel But this ask I of course

alleen voor deze keer.'
alone for this time

'Van mij kan je met alle liefde wat krijgen,' begon Lea
From me can you with all love something get began Lea

Schaap. 'En van Lettie natuurlijk ook. Mijn ingenaaide ruit ziet
Schaap And from Lettie of course also My sewed in square sees

er nogal schappelijk uit. De rest is niet veel zaaks.'
there quite reasonable out The rest is not much business
(see out; look) (good)

'Moeder heeft mij geholpen met die moeilijke gemaasde teen,'
Mother has me helped with that difficult meshed toe

vertelde Marie Mol. 'Daardoor is hij tamelijk goed uitgevallen.
told Marie Mol There-through is he rather good fallen out
(Because of that) (turned out)

Die kun je krijgen, hoor, met alle genoegen.' 'Mijn
That (one) can you get -hear- with all pleasure My

jongenshemd is dragelijk te noemen.' Dat zei Lettie.
boy's shirt is tolerable to call That said Lettie

'Ik vind het helemaal niet in de haak,' begon nu Anke van den
I find it totally not in the hook began now Anke van den
(believe) order

Burg. 'Maar ik wil Nel uit de knoei helpen, omdat ik het
Burg But I want Nel out (of) -the- spill help because I it
(trouble)

van juffrouw Wind óók niet in de haak vind, zo zonder
of miss Wind also not in the hook find so without
ok (believe)

waarschuwing met iets dergelijks aan te komen.'
warning with something similar -on- to come
(like that)

Die woorden gaven natuurlijk ook voor Tine Maas de
Those words gave of course also for Tine Maas the

doorslag!
through-strike
(breakthrough)

Jeanna Sixma vond het geval 'pikant' - dat was haar nieuwste
Jeanne Sixma found the case spicy that was her newest
(thought)

stopwoordje - en ze had bovendien een zekere bewondering
little stop-word and she had above that a certain admiration
(on top of that)

voor Nel. Gien vond zoals gewoonlijk 'alles best.' Nel kon
for Nel Gien found as usual everything best Nel could
(thought) (fine)

van haar uitzoeken wat ze hebben wou.
of her search out what(ever) she have wanted

'Maar Door....' kwam dan ineens Leida Verkruysen. 'Ik dacht dat
But   Door   came   then   suddenly   Leida   Verkruysen   I   thought that

je had gezegd...'
you had   said

'O ja zeker. Er wordt niet alleen gevraagd, er wordt ook
Oh yes sure   There becomes not   just   asked   there becomes also

aangeboden! Nel verklaart zich bij deze bereid, jullie allemaal,
offered   Nel   declares   herself   by this   prepared   you   all
  hereby available

voor zover nodig, te helpen bij dat opstel over 'Een mistige
for   so far   necessary   to   help   with   that   essay   about   A   misty
in so far

morgen', waar ons eindcijfer van afhangt. Ze stelt zich van
morning   where   our   end-grade   from   hangs off   She   puts   herself   from
  (depends)   (makes)

nu af aan beschikbaar.... hoe was het ook weer, Nel?... voor
now   -off-   on   available   how   was   it   also   again   Nel   for

zinnen en zinswendingen, tegenstellingen en synoniemen en
sentences and   sentence-turns   oppositions   and   synonyms   and

desnoods voor het schrijven van het opstel, geheel of
of the emergency   for   the   writing   of   the   essay   wholly   or
(in the worst case)

gedeeltelijk....
partially

Onwillekeurig praatte Door nu toch weer deftig, als stak ze
Involuntarily   talked   Door   now   yet   again   stylishly   as (if)   stuck   she
  (held)

een redevoering af, maar ze bleef tenminste zitten en hield
a speech -off- but she remained at least sitting and held

haar stem enigszins gedempt. De meisjes van de andere klassen
her voice somewhat dampened The girls from the other classes
(soft)

waren toch al opmerkzaam om hun ongewone ernst en
were yet already perceptive for their unusual seriousness and

ongekende voltalligheid. Anders maakten er
unknown full-countedness Otherwise made -there-
(unprecedented) (completeness in numbers)

hoogstens zes van elke klas de wachtkamer onveilig. 'Dat
at maximum six from each class the waitingroom unsafe That
(their territory)

zou meneer Blom toch dadelijk merken, als ze voor een
would mr Blom indeed immediately notice if she for an

ander een opstel schreef.'
other an essay wrote

'Hoor je dat, Nel? Alsof je later, in je drama's, ook niet
Hear you that Nel As if you later in your drama's also not
Did you hear that Nel (in the future)

al je personen in verschillende stijlen moet laten spreken.
all (of) your personas in different styles must let speak

Zeg, als Nel dàt nog niet kon....'
Say if Nel that even not could (do)

Nu was Leida er als de kippen bij. Ze had eerst onwillig
Now was Leida there as the chickens with She had (at) first unwilling
very interested

en stroef zitten kijken bij het voorstel van Door. Dat zou
and stiffly sit look at the proposition of Door That would

wat moois zijn, een ander van je werk te laten
some pretty (thing) be an other from your werk to let

profiteren. Maar opstellen vond ze razend moeilijk,
profit But essays found she ragingly difficult
(thought)

ze bracht er nooit heel veel van terecht. Nel moest het dan
she brought there never very much from to right Nel must it than
she never managed to make very much of it

ook vooral niet te mooi voor haar maken -, misschien deed
also before all not too beautiful for her make maybe did
(above all)

ze zelfs beter, alleen de punten te geven. Maar
she even better only the points (of improvement) to give But

daarvan dan ook zo veel mogelijk.
there of then also so much (as) possible

Anna Doezer had nog geen woord gezegd. En Lien, hoe graag
Anna Doezer had still no word said And Lien how very much

ze had gewild, hoe graag ze Nel, die ze hevig bewonderde,
she had wanted how very much she Nel who she intensly admired

haar hele collectie 'werkstukken' zou hebben aangeboden, Lien
her whole collection (of) assignments would have offered Lien

durfde ook niet anders dan zwijgen. Ze schoof ongemakkelijk
dared also not other than keep silent She shove uncomfortably
(moved)

heen en weer op de bank en wierp van tijd tot tijd een
to and back on the bench and cast from time to time a

blik op haar nichtje, met een vuurrode kleur.
glance at her cousin with a firy red color

Nu de hoofdzaak afgehandeld was en elk voor zich
Now the main case dealt with was and each for themselves

bedacht of besprak wat ze het beste missen kon, het liefste
thought or discussed what they the best miss could the most liked

geven wou, terwijl Door zich als een vermoeid redenaar met
to give would while Door herself as a tired orator with

zwierige gebaren voorhoofd en mond afwiste -, zei Anna
dashy gestures the forehead and mouth wiped off said Anna

eindelijk:
finally

'Ik doe er in geen geval aan mee, en
I do there in no case on with and
I will not partake in any case

Lien doet er ook niet aan mee, al ben ik het wel een
Lien does there also not on with although am I it indeed a
Lien will also not partake

beetje met Anke eens in wat ze zegt van juffrouw Wind. Ik
little bit with Anke agreed in what she says of miss Wind I

wil van nu af Nel elke dag een uur of een half uur helpen,
want from now off Nel every day an hour or a half hour help

dat ze de volgende drie maanden beter voor de dag kan
that she the next three months better for the day can

komen. Ze gaat natuurlijk toch over.'
come She goes of course still over
(to the next grade)

157

'Het is voor haar grootvader zo ellendig. Die zou het
It is for her grandfather so miserable That (one) would it
He

vreselijk vinden om nu weer bij de baas te moeten komen,'
terrible find for now again at the boss to must come
(think) (have to)

pleitte Anke. Ze pleitte eigenlijk óók voor zichzelf, ze voelde
pleaded Anke She pleaded actually also for herself she felt

toch wel iets voor Anna's houding.
indeed well something for Anna's attitude
(position)

'Dat had Nel dan vooraf maar moeten bedenken. Maar ik blijf
That had Nel then before off just must think But I remain
Nel should have thought of that beforehand

bij mijn voorstel. Wat zeg je ervan, Nel?'
with my proposition What say you there from Nel
What do you think of it Nel

'Dank je hartelijk, hoor!' Nel trok een gezicht of ze een
Thank you heartily hear Nel pulled a face (as) if she a
Many thanks (ironic)

bedorven ei rook. 'Ik wens het helemaal niet te leren. Ik zal
rotten egg smelled I wish it totally not to learn I shall

grootvader wel vragen of ik privaatles mag nemen bij Betje
grandfather -well- ask if I private lesson(s) may take with Betje

Bruis, die woont vlak naast ons, ze is mank en ze heeft
Bruis that (one) lives right next (to) us she is limp and she has
(she)

bijna geen geld, dan verdient die er ook nog een
almost no money then earns that (one) -there- also still a
(she)

duitje	aan.	Dan	laat	ik	haar	natuurlijk	alles	afmaken,	en
little cent	on	Then	let	I	her	of course	everything	finish	and

dan	is	iedereen	tevreden.'
then	is	everyone	satisfied

'Ik	geloof	dat	ik	de	trein	hoor	aankomen,	Anna,'	zei	Lien.
I	believe	that	I	the	train	hear	come on (arrive)	Anna	said	Lien

	Liefst	had	ze	maar	dadelijk	weg	willen	lopen.	Ze	zou
	Most preferably	had	she	just	immediately	away	want wanted to walk away	to walk	She	would

er	toch	nog	eens	met	Anna	over	spreken.	Als	nu	zelfs
there	however	still	once	with	Anna	about	speak	As	now	even

Anke	meedeed!	Je	kon	toch	ook	te	eerlijk	zijn.
Anke	along-did (joined)	You	could You can	indeed	also really be	too	honest too honest	be

'Ja,	de	trein	komt	er	aan.	Ga	je	mee,	Marie?'
Yes	the	train	comes is coming	there	on	Go Are you	you coming	along	Marie

En	daarmee	nam	de	vergadering	een	einde....
And	there-with (with that)	took	the ended	meeting the meeting	an	end

Zo	kwam	de	gevreesde	dag	en	alles	liep
Thus	came	the	feared	day	and	everything	walked (went)

prachtig	van	stapel.	Juffrouw	Wind	kende	Nel	gelukkig	niet
wonderful	from as it should	stack	Miss	Wind	knew	Nel	fortunately	not

voldoende	om	te	begrijpen,	dat	ze	onmogelijk	een	redelijke	en
enough	for	to	understand	that	she	impossible (in no way)	a	reasonable	and

tamelijk volledige collectie 'werkstukken' bijeen brengen kon, ze
rather complete collection (of) assignments together bring could she

hield haar alleen voor koppig, onwillig en brutaal en had
held her just for headstrong unwilling and cheeky and had
(assumed)

haar dat ook herhaaldelijk gezegd.
her that also repeatedly said

'Handwerken is alleen een kwestie van goede wil,' beweerde ze
Handicraft is just a case of good will claimed she

steeds. 'Elk normaal mens met normale hersens kan het leren.'
continually Each normal human with normal brains can it learn

'Maar waar haal je in vredesnaam al die goede wil vandaan?'
But where get you in peace's name all that good will from
(god's name)

had Nel bij een van die gelegenheden eens geopperd en
had Nel at one of those occasions once advanced and
(one time)

juffrouw Wind had gezegd:
miss Wind had said

'Wat je daar opmerkt is zoals gewoonlijk weer onzin.'
What you there remark is like usual again nonsense

Door had juist voorspeld -, het oproepen ging inderdaad
Door had correctly predicted the calling up went indeed

volgens de alfabetische absentie-lijst en het toesmokkelen
according to the alphabetical absence-list and the smuggling to (Nel)

werd zeer vergemakkelijkt, doordat sommige 'werkstukken'
became very much made easy because some assignments

nogal klein waren en doordat er uiteindelijk nogal veel waren
quite small were and because there in the end rather many were

meegebracht.
brought along

Onder het met een beladen doos naar je plaats gaan kon je
Under the with a loaded box to your place go could you
(desk) (going)

er dus makkelijk een stuk of wat laten vallen, anderen
there thus easily a piece of what let fall others
some

beijverden zich dan wel die te helpen oprapen, ze
diligently applied themselves then well those to help gather up they

gingen ongemerkt van hand tot hand en zo kreeg Nel zonder
went unnoticed from hand to hand and so got Nel without

de minste moeite een toonbare collectie bijeen -, waarmee ze
the least trouble a presentable collection together with which she

zich, als laatste van de lijst, met kloppend hart naar het
herself as last of the list with beating heart to the

tafeltje begaf.
little table (of miss Wind) set off

Het allereerst werd de 'ingezette ruit' nauwkeurig bekeken.
The all-first became the in-set lozenge accurately looked at

Het was een vodje miserabel rafelig ruitjesgoed, wit en
It was a little rag (of) miserable frayed little checkered cloth white and

groen, waaruit eerst een vierkant stuk was weggeknipt,
green from where first a square piece was cut away

waarvoor	dan	een	ander	'op	de
wherefore	then	an	other	on	the
(for which)					

	draad	en	op	het	patroon'	moest	worden	ingezet.
	thread	and	on	the	pattern	must	become	set in
with the same thread and of the same pattern							(be)	

Terwijl	Nel	toekeek,	hoe	juffrouw	Wind	het	walgingwekkend
While	Nel	looked at	how	miss	Wind	the	disgusting
		(watched)					

product	-	afkomstig	van	Lea	Schaap,	wier	'nogal	schappelijk'	te
product		originating	from	Lea	Schaap	whose	quite	reasonable	too

optimistisch	was	gebleken	-	keerde	en	wendde	in	haar	handen,
optimistic	was	turned out		turned	and	turned	in	her	hands

gruwde	ze	van	de	gedachte,	dat	ze	dat	zelf	zou	hebben
abhorred	she	-of-	the	thought	that	she	that	herself	would	have

moeten	maken.
have to	make

Tersluiks,	over	het	nieuwe	'werkstuk',	waaraan	ze	nu	bezig
Stealthily	over	the	new	assignment	where-on	they	now	busy
					(on which)			

waren,	sloeg	de	hele	klas	vol	spanning	de	loop	der	zaken
were	struck	the	whole	class	full	(of) tension	the	walk	of the	cases
										(things)

gade.
-

(gadeslaan; watch)

'Onvoldoende.	Vier.'
Unsatisfactory	Four
	(mark four out of ten)

Er voer een schok door de banken. Hoe in-vals, hoe
There went a shock through the benches How in-false how
(intensely mean)

afschuwelijk gemeen! Lea had er zoeven een vijf voor gehad.
horribly mean Lea had there just now a five for had

Het rolzoompje van Tine Maas, waarmee de gelukkige eigenares
The little roll hem of Tine Maas where-with the happy owner
(with which)

een zes had veroverd, leverde voor Nel ook al niet meer
a six had conquered supplied for Nel also already not more

op dan een vijf! De spanning steeg. Blikken werden
-up- than a five The tension rose Glances were
(leverde op; delivered)

gewisseld.
exchanged

'Wat zit jullie toch allemaal te loeren en te kijken?' viel
What sit you however all to peek and to look fell
(called)

juffrouw Wind dan plotseling uit.
miss Wind then suddenly out

'Ik kan het hier heus best alleen af.' En allemaal, doodsbenauwd
I can it here truly surely alone off And all deathly afraid
I can really handle this by myself

ineens zichzelf en Nel te verraden, sloegen vol ijver en
suddenly themselves and Nel to betray struck full (of) zeal and

bescheidenheid de ogen neer op het werk.
modesty the eyes down on the work

En dat was maar heel gelukkig -, want
And that was however very fortunate because

zouden ze zich goed hebben kunnen houden toen een
would they themselves good have been able to keep when a
would they have been able to restrain themselves

ogenblik later de rampzalige Nel voor dezelfde ingemaasde teen,
moment later the disastrous Nel for the same meshed in toe

die Marie Mol even geleden niet minder dan een acht had
that Marie Mol just past not less than an eight had
(a moment ago)

opgebracht, slechts een kale vijf werd toegekend, met een
brought up only a bare five became granted with a
(delivered)

standje voor het bijna onzichtbare roestvlekje, voor een
little rebuke for the almost invisible little rust spot for a

uitgezegen hoeksteek en een onaf gehechte draad -, feilen,
spread out corner-stitch and an unfinished stitched thread failures

die ze blijkbaar even te voren niet had kunnen ontdekken!
that she seemingly a bit to advance not had been able to discover
(in)

Nel zelf had één ogenblik het gevoel of ze flauw zou
Nel herself had one moment the feeling (as) if she faint would

vallen, niet omdat het haar in het minst kon schelen wat
-fall- not because it her int the least could differ what
(care)

voor cijfers ze kreeg, maar om de verregaande valsheid van dat
for marks she got but for the far-going meanness of that
(kind of)

mens. De hele klas deelde haar verontwaardiging, en de
human The whole class shared her indignation and the
(vile woman)

hele klas zegende het toeval, waardoor....
whole class blessed the coincidence where-through
(through which)

'Wàt zeg je.... toeval? Beschikking toch zeker!' riep Door
What say you coincidence Ordination indeed surely called Door

Siegenbeek in grote opgewondenheid uit. 'Verbeeld je, als ze
Siegenbeek in great agitation -out- Imagine yourself if she

niet net één minuut van te voren zo tegen ons
not just one minute from to advance so against us
before (like that)

uitgevallen was, zodat we toen niet meer durfden kijken,
fallen out was so that we then not (any)more dared look
(called out angrily) (had)

verbeeld je, als we het voor onze ogen hadden zien
imagine yourself if we it before our eyes had seen

gebeuren, denk je dan dat we ons goed zouden hebben
happen think you then that we ourselves good would have
(restrained)

kunnen houden? Ik voor mijn part niet, dat kan ik jullie wel
been able to keep I for my part not that can I you indeed

verzekeren. Ik zou haar aangevlogen zijn. Wat een vals creatuur.
assure I would her flown on been What a vile creature
(attacked)

Nel een vijf en Marie een acht, voor hetzelfde ding. En letterlijk
Nel a five and Marie an eight for the same thing And literally

165

voor elk "werkstuk." Nel een punt minder dan de anderen. Is
for each assignment Nel a mark less than the others Is

het niet om razend te worden?'
it not for mad to become

'En te denken, dat we haar niet eens
And to think that we her not even

aan de kaak kunnen stellen, dat we er over moeten zwijgen,
on the jaw can set that we there over must be silent
can expose about it

omdat er natuurlijk niets van uitkomen mag.'
because there of course nothing of come out may
(be exposed)

'Ja, en het ergste... dat we haar zelf niet eens mogen laten
Yes and the worst that we her ourselves not even may let

merken, hoe we haar nu doorzien, hoe we haar nu kennen,
sense how we her now see through how we her now know

wat we van haar denken.'
what we of her think

'En de baas! Die zo hoog met haar loopt. Die
And the boss That so high with her walks That
(Who) appreciates her so much (Who)

haar in alles haar gang laat gaan. En je kunt overigens
her in everything her walk let go And you can moreover
allows her to do anything she wants

zeggen van de baas wat je wil, hij is streng,
say from the boss what you want he is strict

hij geeft miserabel les, hij trekt sommigen voor, maar zó vals
he gives miserably lesson he pulls some in front but so mean
he teaches miserably favors some (that)

is hij niet!'
is he   not

Ze   kookten. O,   dat   ze   nu   juist zelf   te   veel
They boiled   Oh   that they now   just   themselves too   much

'boter op het hoofd hadden, om in de zon te durven lopen.'
butter on the head   had   for in the sun to dare   walk
were not without sins themselves

'Als we   haar eens.... een anonieme   brief   schreven...?' opperde   Tine
If   we   her   -once-   an   anonymous letter wrote   suggested Tine

Maas.
Maas

'Ja, ja!' jubelde Door. 'Met drukletters! Uit   de   krant   geknipt.
Yes yes   exulted Door   With press-letters From the newspaper   cut
                                (print letters)

'Mejuffrouw! Gij   zijt ontmaskerd! Uw   ware aard   is thans
My-miss   You   are   unmasked   Your true nature is now
(Miss)

klaarblijkelijk....'
clear-appearingly
(clearly)

'Gebleken....' vulde Lea ijverig   aan.
appeared   filled Lea zealously on
                added Lea zealously

'Klaarblijkelijk   gebleken!'   hoonde   Jeanne Sixma.
Clear-appearingly appeared   said sarcastically Jeanne Sixma
    (Clearly)

'Er   moeten toch   juist   fouten zitten in een anonieme   brief,'
There must   indeed specifically errors sit   in an   anonymous letter
                                            (be)

verdedigde   zich   de   bedremmelde   Lea.
defended   herself   the   shamefaced   Lea

'Je   schijnt   het   meer   bij   de   hand   te   hebben   gehad,'   spotte   Leida.
You   seem   it   more   by   the   hand   to   have   had   mocked   Leida
   You seem to have done it more often

'Maar   wat   zouden   we   in   vredesnaam   in   zo'n   brief   kunnen
But   what   would   we   in   peace's-name   in   such a   letter   be able
      (god's name)

zetten,   zonder   onszelf   te   verraden?'   vroeg   Anke.
to put   without   ourselves   to   betray   asked   Anke

'Ja.... wat?'   Ze   dachten   even   na.
Yes   what   They   thought   a while   -after-
   They pondered for a while

'Ik   weet   het!   We   schrijven   dat   een   niet   nader   te   noemen
I   know   -it-   We   write   that   a   not   -closer-   to   name

individu....'
individual

'Individu!'   schaterde   Nel.   'Dat   kun   je   niet   schrijven.   Dat   zeg
Individual   burst out laughing   Nel   That   can   you   not   write   That   say

je   alleen   van   een   'ongunstig   heerschap'.
you   just   of   an   unfavorable   lordship
      unsavory gentleman

'Persoon   dan....'
Person   then

'Enfin,   dat   zien   we   wel.   We   schrijven   dat   zeker
In-end (French)   that   (will) see   we   -well-   We   write   that   certain
(Whatever)

iemand een zekere gemaasde teen per ongeluk had thuis
somebody a certain meshed toe per accident had at home

gelaten en toen van een ander zeker iemand die teen
left and then from an other certain someone that toe

even had geleend. Enkel die teen, want dat was het
for a moment had borrowed Only that toe because that was the

gemeenste! Drie punten verschil! Over de rest zwijgen we
meanest Three points difference About the rest (will) keep silent we

natuurlijk.'
of course

'Maar dan,' opperde Marie een beetje benepen.
But then advanced Marie a bit timid

'Dan komt het dadelijk uit. Want ik ben de enige, die er
Then comes it soon out Because I am the only (one) that there
Then it will immediately be clear (who)

een acht voor heeft gehad.'
an eight for has had

'Ja.... dan zou dàt misschien uitkomen. Zou je het
Yes then would that maybe come out Would you it
(be revealed)

erg vinden? Jij komt er natuurlijk met een standje af en aan
bad find You come there of course with a rebuke off and to
mind Of course you get away with a rebuke

wie je hem geleend hebt, dàt komt nooit uit, want ze
whom you him loaned have that comes never out because she
(it)

heeft wel zes, zeven vijven voor die teen gegeven. En dan heb
has well six seven fives for that toe given And then have

jij de hele school een enorme dienst bewezen, dan heb jij
you the whole school an enormous service proved then have you
(done)

die valserik aan de kaak gesteld.'
that mean person on the jaw put
exposed

'Ja....'
Yes

De algemene aandacht was nu op Marie Mol gevestigd en dat
The general attention was now at Marie Mol established and that
(directed)

maakte haar, die toch al van nature zo bleu was, nog
made her who though already of nature so shy was even
(by)

verlegener. Maar.... de hele school een enorme dienst bewijzen,
more shy But the whole school an enormous service prove
(do)

zoals Door daar zei, hé, dat was toch wel iets erg moois.
like Door there said hey that was indeed well something very beautiful

Dat zouden ze thuis toch óók wel vinden, vader en moeder,
That would they at home indeed also well find father and mother

als ze ervan hoorden, als er narigheid van kwam.
if they from it heard if there nastiness of came

'Een verrader te ontmaskeren! Denk daar daar daar eens aan!'
A betrayer to unmask Think there there there once on
Think of it Think of it

drong Door aan, die merkte dat ze terrein won.
pressed Door -on- that noticed that she terrain won
(who)

'Goed. Doe jullie dan maar zoals je wilt.'
Good do you then just like you want

Maar opnieuw kwam Anke tussen beide.
But again came Anke between both
interrupted Anke

'Hoor eens. Door, we moeten het niet doen. Als jij nu
Hear once Door we must it not do If you now
Now listen to me

met alle geweld je verontwaardiging wilt koelen in een
with all violence your indignancy want to cool in an
very enthousiastically

anonieme brief....'
anonymous letter

'Ze vindt het natuurlijk dol om lettertjes uit de krant
She finds it of course great fun for little letters out (of) the newspaper

te knippen....' spotte Jeanne.
to cut mocked Jeanne

'Lekker vies smeren met lijm!' dikte Lea aan.
Nice dirty smear with glue thickened Lea on
piled Lea on it

'Neen, maar zonder gekheid. Laten we in 's hemelsnaam
No but without craziness Let we in -of the- heavens-name
(jokes) Let's (for) (heaven's sake)

geen feiten noemen. Heus,
no facts name Really

als ze eenmaal aan het onderzoeken gaan en ze
if they once on the research go and they
once they start investigating

komen ons op het spoor,   dan
come us on the trail   then
        find our tracks

vallen we natuurlijk zó door de mand   en   dan
fall we of course so through the basket   and   then
        will we be easily exposed

heb je de poppen pas echt aan het dansen,   voor Nel vooral!
have you the puppets just really on the dancing for Nel especially
        the real problems start

Dus Door, hou je opstel in de meest algemene termen....'
So Door keep your essay in the most generic terms

Door beloofde, dat ze het product vooraf zou laten lezen.
Door promised that she the product in advance would let read

De volgende dag kwam ze er al mee aan.   Ze   hadden,
The next day came she there already with on They had
        she already presented it

vertelde ze, met hun allen thuis zitten knippen en plakken.
told she with them all at home sit cut and paste

Haar vader had zich slap gelachen, om het hele verhaal.
Her father had himself faint laughed for the whole story
        (sick)

'Wat...? Heb je nu weer alles dadelijk aan je vader
What Have you now again everything immediately to your dad

verklapt?' viel Leida vinnig tegen haar uit.
blabbered out fell Leida finny against her out
        (sharp)   (fell out; spoke angrily)

'Hou jij je mond maar! Wie heeft het meest geprofiteerd
Hold you your mouth just (shut) Who has the most profited

van	Nels	hulp,	wie	heeft,	wat	haar	nog	nooit	overkomen	is,	een
from	Nel's	help	who	has	what	her	still	never	overcome (happened)	is (has)	a

	zeven		voor	haar	opstel	gehad,	en	tenslotte	haar
	seven (seven out of ten)		for	her	essay	had	and	finally	her

weldoenster	afgescheept		met	een	half	verknipt
benefactress	shipped off (gave something worthless)		with	a	half	wrongly cut

poppenmeisjeshemd?	En	wat	denk	je	eigenlijk	van	mijn	vader?
doll-girl's-shirt	And	what	think	you	actually	of	my	father

Dat	die	geen	geheim	bewaren	kan?	Die	weet	van
That	that (one)	no	secret	keep	can	That (one) (He)	knows	of

iedereen	alles,	die	draagt	een	boezem	vol	geheimen
everyone	everything	that (one) (he)	carries	a	breast	full	(of) secrets

rond!'
-around-

'Kom Door, lees nu maar voor.'
Come Door read now just before (us)
(aloud)

Ze	stonden	op	het	plein	in	een	kring	om	haar	heen
They	stood	on	the	court	in	a	circle	around	her	-to-

gedrongen en Door las:
pressed and Door read

Mejuffrouw!
My-miss
(Miss)

Bovennatuurlijke beschikkingen, o.a. verband houdend met
Above-natural ordinations among others connection keeping with
(Paranormal) (having)

de letters van het alfabet, hebben uw natuurgenoten....' 'Er
the letters of the alphabet have your nature-fellows There

stond eerst medemensen,' viel Door zichzelf in de rede,
stood (written) first fellow humans fell Door herself in the speech
interrupted Door herself

maar vinden jullie 'natuurgenoten' niet veel mooier?'
but find you nature-fellows not much more beautiful

'Ja, maar lees nu door....'
Yes but read now on

....een blik doen werpen in uw inborst, waarvan zij ijzen.
a glance do throw in your in-breast where-from they ice
(character) (freeze)

Deze inborst is vals en verdorven en het valt te betwijfelen
This character is false and rotten and it falls to doubt
(mean) (is)

of dezelve nog voor verbetering vatbaar zal zijn. U
whether the same still for improval susceptible will be You
(that character)

meet met twee maten. Tracht niet schrijver dezes
measure with two measures Try not (the) writer of this

op het spoor te komen, u zou daarmee slechts uzelve
on the trace to come you would there-with only yourself
to find (with that)

benadelen.' Ondertekend: 'Een verontwaardigd, maar nog
disadvantage Undersigned An indignant but still
(Signed)

welmenend Vriend.'
well-meaning Friend

'Hoe vinden jullie het?'
How   find   you   it
What do you think of it

'Mooi!   Prachtig!'
Beautiful Wonderful

'Wat netjes opgeplakt, zeg!'
What neatly sticked on say
That's so neatly glued on

'O, dat heeft Piet gedaan. Ik had het natuurlijk al een paar
Oh that has   Piet done   I   had it   of course already a   few

keer verknoeid.'
times spilled
       (messed up)

'Als ze maar geen vermoedens krijgt.... door wat je schrijft
If   she just   no   suspicions   gets   by   what you write

over die letters van het alfabet....' opperde Marie Mol.
about those letters from the alphabet   brought up Marie Mol

'Welnee,   hoe kan dat nu?   Dat denken wij, omdat we het
Well no   how can that now   That think   we   because we   it
(Surely not) how would that be possible

weten. Voor haar is het zo duister als Sanskriet.'
know   For   her   is   it   so   dark   as   Sanskrit
                                      (unclear)

De   brief   werd   verzonden   en   de   volgende   les
The   letter   became   sent   and   the   next   lesson
              (was)

175

sloegen ze nauwlettend het strenge gezicht
struck they carefully paying attention the strict face
(sloegen gade; watched)

met de glasscherf-ogen gade, maar geen trek, geen
with the glass-shard-eyes - but no twitch no
(sloegen gade; watched)

trilling verried, dat een verpletterend epistel haar had bereikt.
trembling betrayed that a crushing epistle her had reached

Door dankte de hemel toen de les goed en wel uit was, ze
Door thanked the heaven when the lesson good and well over was she
all

had, bekende ze later, wel tienmaal op het punt gestaan om
had admitted she later indeed ten times on the point stood for

te vragen: 'Juffrouw, hebt u misschien ook een anonieme brief
to ask Miss have you maybe also an anonymous letter

ontvangen?'
received

En daarna.... kwam de verhoging! En de klas van twaalf
And after that came the raise And the class of twelve
(class advance)

verhuisde inderdaad, gelijk ze reilde en zeilde, naar de
moved indeed like they - and sailed to the
were doing

tweede en vond daar gelukkig geen
second (class) and found there fortunately no

zitten-blijfsters, dus het was en bleef de klas
to sit-remainers so it was and remained the class
(those who didn't make it to the third)

van twaalf. En daarna werd het Paasvakantie en daarna
of twelve And there-after became it Easter-holiday and after that
(after that)

kwamen ze als 'tweede' terug en zagen de 'kleintjes', achttien,
came they as second back and saw the little ones eighteen

een grote klas, veertien meisjes en vier jongens, die voor het
a large class fourteen girls and four boys who for the

toelatingsexamen waren geslaagd.
admission exam were succeeded

Er waren er nog meer geëxamineerd, wel over de
There were there even more examined even over -the-
(had) (done exam) (more than)

twintig, maar de rest was gezakt. De school bloeide en de
twenty but the rest was sunk down The school flowered and the
(flunked)

directeur keek een ietsje minder nors.
director looked a little less sultry

Mijnheer Adelink vertelde Lea, bij wie hij aan huis kwam, want
Mr Adelink told Lea by who he on house came because

Lea's vader handelde in antiquiteiten en mijnheer Adelink was
Lea's father dealt in antiquities and mr Adelink was

daar een groot liefhebber van, ...mijnheer Adelink vertelde Lea in
there a large lover of mr Adelink told Lea in

diep geheim, dat hij voor Marie Mol hard had moeten pleiten,
deep secret that he for Marie Mol had had must plead

maar dat ze op haar goed gedrag doorgelaten was en in de
but that she on her good behaviour let through was and in the

tweede   erg   haar best   zou   moeten doen. Anna, Anke, Tine,
second   very much her   best would   must   do   Anna   Anke   Tine
                                        (have to)

Jet, Door en Jeanne waren uitstekend of tenminste heel goed, de
Jet   Door and Jeanne were   excellent   or at least   very good   the

rest gewoon goed of middelmatig   overgegaan.   Nel   en
rest simply good or average   went over   Nel   and
                            (passed over to the next grade)

Door   met   een   preek,   om   ze   tot 'meer   kalmte   en
Door   with   a   preaching for them to   more   calmness and

ordelijkheid' aan te manen.
   order   on to spur
          to spur on

En toen ze daar nu   voor de eerste dag   na   de Paasvakantie
And when they there now for the first   day after the Easter holiday

op het schoolplein kwamen, als veteranen, als oudgedienden, en
on the school yard came   as   veterans   as   old servants   and

de schuchtere nieuwelingen zagen staan, een troep van bange
the   shy   newcomers   saw   stand   a   huddle of scared
               saw the shy newbies

schapen bij elkaar.... dat was toch wel een groot gevoel!
sheep   with eachother   that was indeed truly a   great feeling

Een jaar voorbij! Wat   gauw toch eigenlijk nog   gegaan. Weer
A   year passed   What fast indeed (it) actually still (has) went Again
                     (How)

zonnige tulpen in stralend lentegras, weer de kruidige geur van
sunny   tulips in shining   spring grass again the herblike smell of

de   dikke,   frisse   hyacinthen   in   de   lucht,   en   in   de   straat   langs
the   fat   fresh   hyacinths   in   the   air   and   in   the   street   along
                                                                        (by)

de   school   dezelfde   oude   sukkel   met   hetzelfde   karretje   met
the   school   the same   old   sucker   with   the same   little cart   with

radijs....
radish(es)

www.ingramcontent.com/pod-product-compliance
Lightning Source LLC
LaVergne TN
LVHW011327080426
835513LV00006B/233